超譯

니체의 말

超譯

니체의 말

시라토리 하루히코 엮음
박재현 옮김

samho **MEDIA**

니체라는 괴짜 철학자

독일의 철학자 니체Friedrich Wilhelm Nietzsche는 19세기 후반에 태어나 20세기가 밝아오기 전 세상을 떠났다1844~1900. 24세에 스위스 바젤 대학의 교수가 되었지만, 교직에 몸담은 것은 불과 10년 남짓으로 그 이후 요양을 위해 유럽 각지를 여행하며 독특한 저술과 사색을 이어갔다. 니체의 저작 가운데 세상에 가장 널리 알려진 것은 〈차라투스트라는 이렇게 말했다〉일 것이다. 이 책의 제목을 모르는 사람이라도 리하르트 슈트라우스가 작곡한 〈차라투스트라는 이렇게 말했다〉의 선율은 들어본 적이 있을 것이다. 이 곡은 영화 〈2001년 스페이스 오디세이〉의 주제곡으로 사용되기도 했다.

니체는 철학자이기는 했지만, 난해하고 추상적인 모든 문제에 대해 사색하며 그 이론을 풀어냈던 사람은 아니다. 그는 당시의 기독교적 도덕이 지나치게 내세적이라 비판하고, 이 세상에 있어 가장 중요한 것은 무엇보다도 진리나 선, 도덕임을 강력하게 주장했다. 결국 현대라는 시대를 살아가는 인간을 위한 철학을 피력한 것이다. 니체의 이름이 전 세계에 알려지고, 현재까지도 회자되는 이유는 그의 날카로운 통찰력 때문이다. 핵심을 찌르는 듯 날카로운 시점, 강인한 생기, 불굴의 영혼, 보다 높은 곳을 향해 나아가려는 굳은 의지가 참신하고 짧은 명문장에 고스란히 담겨 있기에 그의 말은 오늘날까지도 수많은 사람들의 귀를 젖히고 마음 깊이 아로새겨지고 있다. 그리고 그러한 특징은 주로 짧은 경구와 산문체의 글 토막에서 더욱 강력히 발휘된다. 이 책에서는 니체의 명언 가운데, 우리 현대인의 이성과 감성을 흔들며 때로는 위로가, 때로는 매서운 질타가 되는 주옥같은 글을 선별하여 편찬하였다.

니체의 철학 또는 독특한 사상은 칸트나 헤겔처럼 장대한 체계를 목표로 정리된 것이 아닌, 정열적인 문장으로 엮은 단편과 짧은 산문체가 많다. 편린과도 같은 짧은 글일지라도 니체의 발상에는 분명 마음을 사로잡는 매력이 있다. 가령 '인간의 육체는 커다란 이성이며, 정신이라 불리는 것은 작은 이성'이라는 대담한 발상은 분명 예술적인 매력으로 가득하다고 말하지 않을 수 없다. 칸트처럼 올곧은 철학자라면 자신의 설에 이유를 설명하고 철학의 골자로 삼았겠지만, 니체는 그 같은 발상을 아무렇지 않게 던져 버렸다. 그런 점에서 보면 니체는 철학자라기보다 예술가에 가깝다고 할 수도 있을 것이다.

이전부터 니체에 대한 유언비어나 오해는 적지 않았다. 나치의 사상적

토대가 되었다거나 니힐리즘Nihilism의 철학을 세상에 퍼뜨렸다, 반유태주의였다 등의 낭설이 그것이다. 니체의 사상이 히틀러나 나치즘에 영향을 미쳤다는 오해는 근거 없는 악질적인 소문이다. 히틀러나 나치즘은 자신들의 공허한 부분을 채우면서도 허세를 부리기 위해 기존의 여러 다양한 분야의 사상을 제멋대로 왜곡하고 거침없이 끌어들였다. 게다가 니체의 여동생이 나치즘에 빠져 그들을 돕고, 헝가리의 마르크스주의 철학자 루카치Georg Lukacs가 니체를 나치즘의 선구자라 주장한 것이 이 같은 오해가 일파만파 확산된 경위가 되기도 했다. 니체가 반유태주의였다는 주장 역시 사실이 아니다. 오히려 반종교주의에 가까웠다고 하는 편이 맞을 것이다. 니체는 종교의 무엇이 싫었던 것일까? 대개 종교라는 것은 한결같이 피안, 즉 신이나 사후 세계, 무한성에서 도덕의 잣대를 구하고자 했기 때문이다. 그러나 니체는 피안이 아닌, 지금 이 세상을 살고 있는 인간을 위한 도덕이 필요하다고 생각했다. 그리하여 니체의 사상은 '삶의 철학'이라 불리고 있다.

니체는 니힐리즘 철학자가 아니다. 오히려 니힐리즘을 비판하는 것이 니체였다. 니힐리즘이라는 용어는 허무주의로 번역되는 경우가 많다. 니힐Nihil은 라틴어로 '무無'라는 의미로, 절대 가치와 진리 따윈 없다는 입장을 취하는 것이 니힐리즘이다. 현대는 가치의 상대화에 의해 절대 가치는 존재하지 않는 상태이기에 니힐리즘의 시대라 말할 수 있다. 그러나 현실적으로 현대인의 절대 가치는 돈과 이윤이다. 인간이란 어디에서든 절대 가치를 발견하지 않으면 견딜 수 없을 만큼 불안한 존재다. 19세기까지 서구에서 생각하는 절대 가치와 진리는 기독교 도덕이었다. 그러나 니체는 당시의 종교가 기독교 도덕이라는 존재하지도 않는 가치를 강요하고 있다고 해석했다. 그 도덕은 살아 있는 인간을 위한 것이 아닌, 진짜가 아닌 것이라 생각한 것이다. 그렇다면 근대의 돈과 이윤은 현대의 새로운 절대 가치일까? 니체는 이것을 신의 대체물로서의 가치가 있다고 보았다. 결국 니힐리즘에서 도망치기 위한 새로운 니힐리즘이라 비판했던 것이다. 니체는 〈차라투스트라는 이렇게 말했다〉에서 "우리들은 영원한 무無 가운데 떠돌고 있는 것이 아닌가?"라고 말했다. 또한 유고를 한데 엮은 〈권력에의 의지〉에서는 "지금의 도덕에 대한 의문이 세계를 석권하게 될 것"이라 말했다. 흡사 현대의 상황을 예언하고 있지 않은가.

니체의 철학은 결코 어렵지 않다. 조금만 읽어봐도 온몸을 신경을 곤두세우는 흥분을 느낄 것이다. 니체의 문장이 당신을 흥분시키는 것이 아니라, 당신 스스로의 이성으로 사고한다는 생생한 체험을 통해 스스로 자극과 영감을 받기 때문이다. 거기에 니체의 가장 큰 매력이 있다.

시라토리 하루히코

II 기쁨에 대하여

Ⅲ 삶에 대하여

Ⅳ 마음에 대하여

V 친구에 대하여

VI 세상에 대하여

VII 인간에 대하여

VIII 사랑에 대하여

IX 지성에 대하여

X 아름다움에 대하여

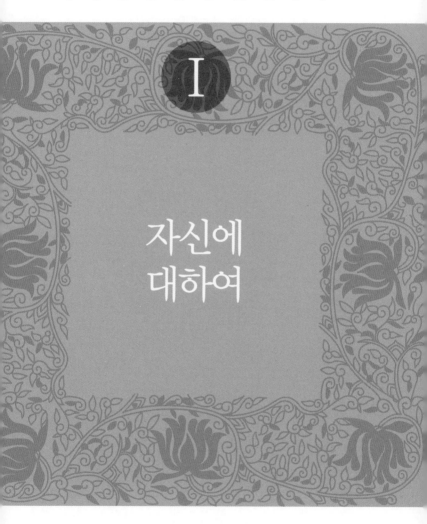

SELBSTHEIT

I

자신에
대하여

NIETZSCHE

SELBSTHEIT

001

첫걸음은
자신에 대한 존경심에서

━━ 자신을 대단치 않은 인간이라 폄하해서는 안 된다. 그 같은 생각은 자신의 행동과 사고를 옭아매려 들기 때문이다. 오히려 맨 먼저 자신을 존경하는 것부터 시작하라. 아직 아무것도 하지 않은 자신을, 아직 아무런 실적도 이루지 못한 자신을 인간으로서 존경하는 것이다. 자신을 존경하면 악한 일은 결코 행하지 않는다. 인간으로서 손가락질당할 행동 따윈 하지 않게 된다. 그렇게 자신의 삶을 변화시키고 이상에 차츰 다가가다 보면, 어느 사이엔가 타인의 본보기가 되는 인간으로 완성되어 간다. 그리고 그것은 자신의 가능성을 활짝 열어 꿈을 이루는 데 필요한 능력이 된다. 자신의 인생을 완성시키기 위해 가장 먼저 스스로를 존경하라.

권력에의 의지 ■

002

자신에 대한 평판 따위는
신경 쓰지 마라

── 누구든 자신에 대한 타인의 생각을 알고 싶어한다. 자신을 좋게 떠올려 주기를 바라고, 조금은 훌륭하다 생각해 주기를 바라고, 중요한 인간의 부류에 포함되기를 바란다. 그러나 자신에 대한 평판에만 지나치게 신경 써서 남들이 하는 이야기에 귀를 쫑긋 세우는 것은 좋지 않다. 왜냐하면 인간이란 항상 옳은 평가를 받는 것은 아니기 때문이다. 오히려 자신이 원하는 평가를 받는 경우보다, 그것과 완전히 상반된 평가를 받는 것이 일반적이다. 현실이 이러함에도 불구하고 자신의 평판이나 평가 따위에 지나치게 신경 써서 괜한 분노나 원망을 가지는 것은 어리석은 짓이다. 타인이 어떻게 생각하고 있는가, 그같은 일에 지나치게 연연하지 마라. 그렇지 않으면 실은 미움을 사고 있음에도 불구하고 부장이다, 사장이다, 선생이다라고 불리는 것에 일종의 쾌감과 안심을 맛보는 인간으로 전락하게 될지 모른다.

인간적인 너무나 인간적인 ■

003

하루의 끝에
반성하지 마라

━━ 일을 끝내고 차분하게 반성한다. 하루를 마치고 그 하루를 돌아보며 반성하다 보면, 자기 자신과 타인의 잘못을 깨닫고 결국에는 우울해지고 만다. 자신의 한심함에 분노를 느끼고 타인에 대한 원망이 생기기도 한다. 그것은 대개 불쾌하고 어두운 결과로 치닫는다. 이렇게 되는 까닭은 당신이 지쳐 있기 때문이다. 피로에 젖어 지쳐 있을 때 냉정히 반성하기란 결코 불가능하기에 그 반성은 필연적으로 우울이라는 덫에 걸려들 수밖에 없다. 지쳤을 때에는 반성하는 것도, 되돌아보는 것도, 일기를 쓰는 것도 하지 말아야 한다. 활기차게 활동하거나 무엇인가에 흠뻑 빠져 힘을 쏟고 있을 때, 즐기고 있을 때에는 어느 누구도 반성하거나 되돌아보지 않는다. 그렇기에 스스로가 한심하게 여겨지고 사람에 대한 증오심이 느껴질 때에는 자신이 지쳐 있다는 신호라 여기고 그저 충분한 휴식을 취하라. 그것이 스스로를 위한 최선의 배려다.

아침놀 ■

004

지쳤다면
충분히 잠을 자라

─── 자기혐오에 빠졌을 때, 모든 것이 귀찮게 느껴질 때, 무엇을 해도 도무지 기운이 나지 않을 때, 활기를 되찾기 위해서는 무엇을 하는 것이 좋을까? 도박이나 종교에 심취해 볼까? 아니면 유행하는 긴장 완화요법을 시도해 볼까? 그것도 아니면 여행을 떠날까? 술을 마실까? 아니, 그 어떤 것보다도 제대로 된 식사를 하고 휴식을 취한 뒤 깊은 잠을 청하는 것이 가장 좋은 해결법이다. 그것도 평소보다 훨씬 많이. 그런 후 잠에서 깨어나면 새로운 기운으로 충만해진 다른 자신을 발견할 것이다.

아침놀 ■

005

자신을 표현하는
세 가지

━━ 자기표현이란 자신의 힘을 나타내는 것이기도 하다. 그 방법은 크게 세 가지로 나눌 수 있다. 베푼다, 비난한다, 부순다. 상대에게 사랑과 자애로움을 베푸는 것도 자신의 힘을 표현하는 방법이다. 상대를 비방하고 괴롭히며 무시하는 것도 자신의 힘을 표현하는 방법이다. 당신은 어떤 방법으로 자신을 표현하고 있는가?

아침놀 ■

006

누구에게나
한 가지 능력은 있다

── 누구든지 한 가지의 능력은 가지고 있다. 그 하나의 능력은 오직 그만의 것이다. 그것을 일찌감치 깨닫고 충분히 살려 성공하는 사람도 있고, 자신의 한 가지 능력 즉 자신의 본성이 무엇인지 모르는 채 살아가는 사람도 있다. 자신의 힘만으로 그 능력을 찾아내는 사람도 있고, 세상의 반응을 살피며 자신의 본성이 무엇인지를 끊임없이 모색하는 사람도 있다. 틀림없는 사실은, 어떠한 경우라도 주눅 들지 않고 씩씩하고 과감하게 그리고 꾸준히 도전해 나가면 언젠가는 자신만이 가진 한 가지 능력을 반드시 깨닫게 된다는 것이다.

인간적인 너무나 인간적인 ■

007

자신의
주인이 되어라

━━ 착각해서는 안 된다. 자제심이라는 단어를 머리로 이해했다고 하여 어떤 일이든 자제할 수 있는 것은 아니다. 자제는 자신이 현실에서 행해야 하는 바로 그것이다. 하루에 한 가지, 아무리 작은 일이라도 자제를 각오하라. 최소한 그 정도의 일을 수월히 해낼 수 없다면 자제심이 있다고 말할 수 없다. 또한 작은 일에 자제심을 발휘할 수 없다면, 큰일에서도 자제심을 기대할 수 없고 성공에도 이를 수 없다. 자제할 수 있다는 것은 자신을 컨트롤할 수 있다는 것이다. 자신의 가슴속에 깃들어 있는 욕망을 스스로 제어한다는 것이다. 욕망이 이끄는 대로 끌려가지 않고 자신의 행동을 확고히 지배하는 주인이 되는 것이다.

방랑자와 그 그림자 ■

008

자신의 '왜?'에 대한 답을 찾지 못하면
길은 보이지 않는다

■■■■■ 수많은 방법론을 담은 책을 읽어도, 유명한 경영자나 억만장자의 성공 노하우를 배워도 자기 자신에게 맞는 방식과 방법을 찾는다는 보장은 없다. 이는 당연한 것이다. 먹는 약 하나도 그 사람의 체질에 맞지 않는 경우가 있는데, 하물며 타인의 삶의 방식이 자신에게 맞지 않는 것은 전혀 이상할 것이 없다. 문제는 자신의 '왜?'에 대하여 전혀 자각하지 못한다는 데 있다. 자신이 왜 그것을 하고 싶은지, 왜 그것을 원하는지, 왜 그렇게 되고 싶은지, 왜 그 길을 가고자 하는지……. 그 같은 물음에 깊이 사고하지 않고 명백히 파악하지 못했기 때문이다. 자신의 '왜?'라는 의문에 명백한 대답을 제시할 수 있다면 이후의 모든 것은 매우 간단해진다. 어떻게 해야 하는지에 대해서도 곧 알 수 있다. 일부러 타인을 흉내 내면서 허송세월을 보내지 않아도 된다. 이미 자신의 길이 눈앞에 명료히 보이기 때문에 이제 남은 일은 그 길을 걸어가는 것뿐이다.

우상의 황혼 ■

009

자신의 행위는
세계를 울린다

━━━ 자신의 모든 행위는 다른 행위와 사고, 결단 등을 이끌어 내는 요인이 되거나 혹은, 지대한 영향을 미친다. 어떠한 행위 도 전혀 영향을 미치지 않는 것은 없다. 자신의 행위에 의해서 일단 발생한 현상은 항상 어떤 형태로든 다음에 일어나는 현상 과 단단히 이어져 있다. 먼 과거 옛 사람들의 행동조차 현재의 현상과 강하게 혹은 약하게 결부되어 있다. 모든 행위나 운동 은 불변한다. 그리고 한 인간의 어느 작은 행위도 불변한다고 할 수 있다. 결국, 우리들은 영원히 살아가고 있는 것이다.

인간적인 너무나 인간적인 ■

010

스스로를 아는 것부터
시작하라

━━ 자신에 대하여 얼버무리거나 스스로에게 거짓말을 하며 살지 말라. 자신에 대해서는 늘 성실하며, 자신이 대체 어떤 인간인지, 어떤 마음의 습성을 가지고 있는지, 어떤 사고방식과 반응을 보이는지 잘 알고 있어야 한다. 자신을 잘 알지 못하면 사랑을 사랑으로서 느낄 수 없기 때문이다. 사랑하기 위해, 사랑받기 위해 먼저 스스로를 아는 것부터 시작하라. 자신조차 알지 못하면서 상대를 알기란 불가능한 것이다.

아침놀 ■

011

자신을 늘
새롭게 하라

━━ 과거에는 틀림없는 진실이라 생각했던 것이 지금은 잘못된 것으로 여겨진다. 과거에 이것만큼은 자신의 확고한 신조라 여기던 것이 이제는 아닐지도 모른다는 생각이 든다. 그 같은 변화를 자신이 어려서, 깊이가 없어서, 세상을 몰라서라는 이유로 그저 묻어두지 마라. 그 무렵의 당신에게는 그렇게 사고하고 느낄 필요가 있었기 때문이다. 당시의 수준에서는 그것이 진리요, 신조였다. 인간은 늘 껍질을 벗고 새로워진다. 그리고 항상 새로운 생을 향해 나아간다. 그렇기에 과거에는 필요했던 것이 지금은 필요치 않게 되어버린 것에 불과하다. 그러므로 스스로를 비판하는 것, 타인의 비판에 귀 기울이는 것은 자신의 껍질을 벗는 일과 다름없다. 한층 새로운 자신이 되기 위한 탈바꿈인 것이다.

즐거운 지식 ■

자신을
멀리서 바라보라

—— 많은 사람들이 자신에게는 너그러우면서도 타인에게는 엄격한 잣대를 들이댄다. 어째서 이 같은 일이 일어나는가? 스스로를 볼 때는 너무 가까운 거리에서 바라보는 반면, 타인을 볼 때는 너무 먼 거리에서 윤곽만을 어렴풋이 보기 때문이다. 이 거리를 반대로 두고 차분히 타인을 관찰하면 타인은 그만큼 비난받아 마땅한 존재가 아니며, 자신은 생각만큼 너그럽게 허용할 만한 존재가 아니라는 사실을 깨닫게 된다.

여러 가지 의견과 잠언 ■

SELBSTHEIT

013

신뢰를 얻고 싶다면
행동으로 보여라

━━ 자기 자신을 믿는다고 공공연히 말하는 사람은 오히려 타인의 신뢰를 받지 못한다. 그 같은 말을 하는 사람은 스스로에게 취해 있는 나르시시스트이거나 자기애로 인해 자기인식이 상당히 안이해진 인간에 불과하기 때문이다. 인간이라는 것이 얼마나 유약한 존재인지 대부분의 사람이 알고 있다. 타인의 신뢰를 얻고자 한다면 말로 자신을 강조할 것이 아니라, 행동으로 보여 주는 수밖에 없다. 피할 수도 물러설 수도 없는 상황에서의 진실하고 흔들림 없는 행동이야말로 타인의 믿음에 호소할 수 있다.

방랑자와 그 그림자 ■

014

해석의
딜레마

━━ 모든 일은 어떻게든 해석이 가능하다. 좋은 일, 나쁜 일이 처음부터 정해져 있는 것은 아니다. 좋다, 나쁘다, 도움이 된다, 해가 된다, 훌륭하다, 추악하다……. 그 어떤 것이라도 해석하는 이는 결국 자기 자신이다. 그러나 어떤 식으로든 해석을 하는 순간부터는 그 해석 속에 자신을 밀어 넣는다는 사실을 알아야 한다. 결국 해석에 사로잡히고, 그 해석이 나올 수 있는 시점에서만 사물을 보게 된다. 요컨대 해석 또는 해석에 기인한 가치 판단이 자신을 옴짝달싹 못하도록 옭아매는 것이다. 그러나 해석하지 않고서는 상황을 정리할 수 없다. 여기에 인생을 해석한다는 것의 딜레마가 있다.

농담, 음모 그리고 복수 ■

015

자신을 발견하고자 하는
이에게

━━ 자신이 어떤 사람인지 이해하길 원하는 사람은 다음과 같은 질문을 자신을 향해 던지고, 성실하고 확고하게 대답하라. 지금까지 자신이 진실로 사랑한 것은 무엇이었는가? 자신의 영혼이 더 높은 차원을 향하도록 이끌어준 것은 무엇이었는가? 무엇이 자신의 마음을 가득 채우고 기쁨을 안겨주었는가? 지금까지 자신은 어떠한 것에 몰입하였는가? 이들 질문에 대답하였을 때 자신의 본질이 뚜렷해질 것이다. 그것이 바로 당신이다.

쇼펜하우어 ■

016

늘 기분 좋게
살아가는 요령

━━ 마음이 불쾌해지는 가장 큰 이유 중 하나는 자신이 이룬 것, 자신이 창조한 것이 사람들에게 별다른 도움이 되지 않는다고 느끼기 때문이다. 자신이 별 도움이 되지 않는 존재가 되었다 여겨 언짢아하는 노인이 있는가 하면, 빛나는 청춘의 한가운데에 있으면서 사회 속에서 생산적 존재가 되지 않는다는 생각에 우울해하는 젊은이들도 있다. 이러한 사실로 비추어 볼 때, 늘 기분 좋은 인생을 살아가기 위한 요령은 타인을 돕거나 누군가의 힘이 되어 주는 것이라 할 수 있다. 그것으로 존재의 의미를 실감하고, 순수한 기쁨을 누리게 된다.

인간적인 너무나 인간적인 ■

017

주목받고 싶기에
주목받지 못한다

━━ 자기현시욕. 말하자면 자신만을 내세우는, 자신만이 특별히 주목받고자 하는 욕망이다. 모임에 참석하면 이것이 또렷이 보인다. 어떤 이는 이야기나 풍부한 화젯거리로, 또 어떤 이는 기발한 의상으로, 어떤 이는 넓은 인맥으로, 또 다른 이는 자신의 고립으로 각자 자신만이 주목받길 꾀한다. 그러나 그들의 이런 계산은 착각이다. 자신만이 주목받을 주인공이요, 타인은 관객이라는 생각을 가지고 있기 때문이다. 각자가 그런 생각을 하고 있으니 관객 없는 연극이 되어버리고 결국에는 그 누구도 주목받지 못한다. 때때로 인생에도 이 같은 일이 일어난다. 어떤 사람은 권력으로, 어떤 사람은 학력으로, 어떤 사람은 동정을 이끌어내기 위해 애처롭게 행동하며 각자 주목받으려 한다. 그러나 그 목적은 이룰 수 없다. 모든 이가 '나' 외의 타인은 자신의 관객이라 생각하기 때문이다.

인간적인 너무나 인간적인 ■

018

호기심에
휘둘리지 마라

■── 주변이나 세상에서 일어나는 수많은 일마다 고개를 들이밀면 결국에는 공허해질 뿐이다. 역으로, 자신의 공허함을 어떻게든 채우기 위해 닥치는 대로 수많은 일에 간섭하는 사람도 있다. 호기심은 자신의 능력을 꽃 피우는 데 중요한 역할을 하지만, 우리의 인생은 세상의 모든 일들을 보고 들을 수 있을 만큼 오래도록 이어지지 않는다. 젊은 시절, 자신이 관계할 방향을 착실히 파악하고 그것에 전념하면 훨씬 현명하고 충실한 자신의 인생을 살아갈 수 있다.

방랑자와 그 그림자 ■

019

공포심은
자신의 마음속에서 태어난다

— 이 세상에 존재하는 악의 4분의 3은 공포심에서 태어난다. 공포심을 가지고 있기에 이미 체험한 적 있는 많은 것들에 대해서도 여전히 힘들어 한다. 하물며 그것은 아직 체험하지 않은 것마저도 두려움에 떨게 만든다. 그러나 사실, 공포심의 정체라는 것은 현재 자신의 마음 상태가 어떠한가에 달려 있다. 그리고 그것은 자신의 힘으로 얼마든지 변화시킬 수 있다. 자신의 마음이기에.

아침놀 ■

020

'무엇인가를 위해'
행동하지 마라

━━ 아무리 좋아 보이는 행동이라도 '무엇을 위해서' 행동하는 것은 비열하고 탐욕적이다. 누구를 위해서든 어떤 일을 위해서든 그것이 실패했을 때에는 상대 혹은 상황, 그 어떤 것의 탓으로 돌리려는 마음이 생기고, 순조롭게 진행되었을 때에는 자신의 실력 덕분이었다는 자만심이 싹트기 때문이다. 그렇기 때문에 진정으로 자신을 위해서만 행동해야 한다. 하지만 순수하게 능동적인 사랑으로 행동할 때에는 '무엇을 위해서'라는 말도 생각도 결코 하지 않는다.

차라투스트라는 이렇게 말했다 ■

021

쉼 없이
노력하라

—— 높은 곳을 향해서 끊임없이 노력하는 것은 결코 헛되지 않다. 비록 지금은 헛된 장난처럼 보일지도 모르지만 조금씩 정상을 향해 나아가고 있는 것만은 분명하다. 오늘 그 정상은 아직 먼 곳에 있겠지만, 내일 좀 더 높은 곳을 향해 다가가기 위한 힘을 키울 수 있다.

방랑자와 그 그림자 ■

친구를 바라기 전에
자신을 사랑하라

━━ 가능한 한 많은 친구를 원하고, 만나는 사람마다 모두 친구라 생각하고, 늘 어떤 친구와 함께 있지 않으면 마음이 차분해지지 않는 것은 당신이 위태로운 상태에 있다는 증거다. 진정한 자신을 찾기 위해서 누군가를 바란다, 자신을 상대해 줄 친구를 절실히 바란다, 막연한 안도감을 찾아 누군가에게 의지한다. 왜 그런 것일까? 고독하기 때문이다. 왜 고독한 것일까? 자신을 제대로 사랑하지 못하기 때문이다. 순간적인 친구를 아무리 많이, 그리고 폭넓게 가졌다고 해도 고독의 상처는 치유되지 않고 자신을 사랑할 수도 없다. 그것은 단지 눈 가리고 아웅하는 꼴에 지나지 않는다. 자신을 진정으로 사랑하기 위해서는 먼저 자신의 힘만으로 무엇인가에 온 노력을 쏟아야 한다. 자신의 다리로 높은 곳을 향해 걷지 않으면 안 된다. 그것에는 분명 고통이 따른다. 그러나 그것은 마음의 근육을 단련시키는 고통이다.

차라투스트라는 이렇게 말했다 ■

023

내 집을
지을 곳은

━━ 세계 곳곳을 여행하고 자신에게 맞는 국가를 찾을 것인
가? 언제까지 광활한 대지를 돌아다니며 자신의 집을 지을 장
소를 찾아 이리저리 방황할 것인가? 그보다는 강인하면서 온
화한 곳을 자신의 조국처럼 삼아 그곳에 자신의 집을 지어야
하지 않을까. 도시의 혼잡 속에서든 적막 속에서든, 강인하면
서도 평온하게 머무를 수 있는 곳이 바로 내 집을 세울 곳이다.
그곳에서 우리는 안심하고 지낼 수 있다.

아침놀 ■

024

풍요로움은
스스로에게 있다

━━ 동일한 것을 상대하더라도 어떤 사람은 그것으로부터 한 두 가지 정도의 것밖에 이끌어내지 못한다. 그것은 보통 능력의 차이에서 오는 것이라 여겨진다. 그러나 사실 사람은 대상물에서 무엇인가를 이끌어내는 것이 아니라, 그 대상물에 의해 촉발된 자신 안의 무언가를 스스로 찾아내고 이끌어내는 것이다. 결국 풍요로운 대상물을 찾을 것이 아니라 자신을 풍요롭게 만들어야 한다. 그것만이 자신의 능력을 높이는 최고의 방법이요, 인생을 풍요롭게 살아가는 방법이다.

즐거운 지식 ■

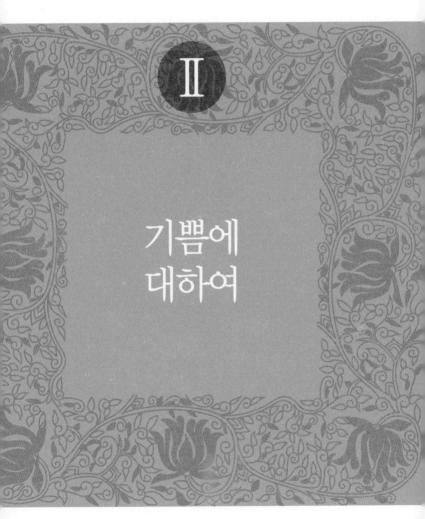

FREUDE

II

기쁨에
대하여

NIETZSCHE

FREUDE

025

여전히
기쁨은 부족하다

━━ 더 기뻐하라. 사소한 일이라도 한껏 기뻐하라. 기뻐하면 기분이 좋아질 뿐 아니라, 몸의 면역력도 강화된다. 부끄러워하지 말고 참지 말고 삼가지 말고 마음껏 기뻐하라. 웃어라. 싱글벙글 웃어라. 마음이 이끄는 대로 어린아이처럼 기뻐하라. 기뻐하면 온갖 잡념을 잊을 수 있다. 타인에 대한 혐오와 증오도 옅어진다. 주위 사람들도 덩달아 즐거워할 만큼 기뻐하라. 기뻐하라. 이 인생을 기뻐하라. 즐겁게 살아가라.

차라투스트라는 이렇게 말했다 ■

026

만족이라는
사치

━━ 지금은 향락주의자 또는 쾌락주의자라는 잘못된 의미로
만 사용되는 '에피큐리언Epicurean'이라는 용어가 있다. 그 어원
이 된 고대 그리스 철학자 에피쿠로스Epicouros는 삶에 있어 쾌
락을 추구했다. 그리하여 도달한 정점이 만족이라는 이름의 사
치였다. 그러나 그 사치를 누리는 데 필요한 것은 그리 많지 않
았다. 아담한 정원, 그곳에 심어진 몇 그루의 무화과, 여기에
약간의 치즈와 서너 명의 친구만 있으면 충분했다. 그것만으로
그는 충분히 사치스럽게 살 수 있었다.

방랑자와 그 그림자 ■

하루를 시작하며 생각해야 할 것

━━ 오늘 하루를 기분 좋게 시작하고 싶다면, 잠에서 깨었을 때 오늘 하루 동안 적어도 한 사람에게, 적어도 하나의 기쁨을 선사할 수 있는지에 대하여 생각하라. 그 기쁨이 아주 사소한 것이라도 상관없다. 그리고 어떻게든 그 바람이 실현되도록 노력하며 하루를 보내라. 많은 사람들이 이 습관을 가지게 되면 자신만 이익을 얻으려고 하는 소망보다 훨씬 빨리 세상을 바꿔 나갈 수 있을 것이다.

인간적인 너무나 인간적인 ■

028

모든 이들이 기뻐할 수 있는
기쁨을

―― 우리의 기쁨은 다른 이들에게 힘이 되는가. 우리의 기쁨이 타인의 원망과 슬픔을 한층 배가시키거나 모욕을 안겨주고 있지는 않는가. 우리는 정말 기뻐해야 할 것을 기뻐하고 있는가. 타인의 불행과 재앙을 기뻐하고 있지는 않은가. 복수심과 경멸, 차별의 마음을 만족시키는 기쁨은 아닌가.

권력에의 의지 ■

029

일이란
좋은 것이다

━━ 직업은 우리들의 생활을 지탱해 주는 기반이 된다. 기반이 없다면 인간은 살아갈 수 없다. 일에 종사한다는 것은 우리를 악으로부터 멀어지게 한다. 쓸데없는 망상을 품는 것조차 잊게 만든다. 기분 좋은 피로와 보수까지 선사한다.

인간적인 너무나 인간적인 ■

030

함께
살아간다는 것

━━ 함께 침묵하는 것은 멋진 일이다. 더 멋진 일은 함께 웃는 것이다. 두 사람 이상이 함께 동일한 체험을 하고, 함께 감동하고 울고 웃으며 같은 시간을 함께 살아간다는 것은 너무도 멋진 일이다.

인간적인 너무나 인간적인 ■

031

즐겁게
배워라

━━ 예컨대 외국어를 배우기 시작한 지 아직 얼마 되지 않아 조금의 말밖에 구사하지 못하는 사람은 이미 외국어가 유창한 사람보다 외국어로 말할 기회를 더 즐긴다. 이렇듯 즐거움이라는 것은 언제나 어설픈 지식을 가진 자의 손아귀에 있다. 외국어에 한하지 않더라도 시작한 지 얼마 되지 않은 취미는 언제나 변함없이, 참을 수 없을 만큼 굉장한 즐거움을 선사한다. 그렇기 때문에 사람은 배울 수 있다. 다 자란 어른일지라도 '배움'의 즐거움을 통하여 그 무언가의 달인이 될 수 있다.

인간적인 너무나 인간적인 ■

032

남을 기쁘게 하면
자신도 기쁘다

━━ 누군가에게 기쁨을 선사하는 행위는 자신까지도 기쁨으로 충만케 만든다. 아무리 작은 일이라도 다른 사람을 기쁘게 할 수 있다면 우리의 양손에, 가슴에 기쁨이 가득할 것이다.

아침놀 ■

033

마음에는
언제나 기쁨을

— 지혜로워라. 기쁨을 품어라. 가능하다면 현명함도 더하라. 그리고 마음에는 언제나 기쁨을 간직하도록 하라. 이것이야말로 인생에서 가장 소중한 것이기 때문이다.

방랑자와 그 그림자 ■

034

이 순간을
즐겨라

━━ 즐겁지 않은 것은 바람직하지 않다. 힘겨운 일에서 일단 고개를 돌려서라도 지금을 제대로 즐겨야 한다. 가정 내에 즐겁지 않은 사람이 단 한 사람만 있어도 모든 이가 우울해지고, 가정은 묵직한 어둠이 드리워진 불쾌한 곳이 되어 버린다. 그룹이나 조직도 마찬가지다. 가능한 한 행복하게 살아라. 그러기 위해서 현재를 즐겨라. 마음껏 웃고, 이 순간을 온몸으로 즐겨라.

즐거운 지식 ■

035

내면이 깊을수록
섬세함을 즐긴다

━━ 내면이 보다 깊고 건강하게 성장해 가는 사람일수록 좀처럼 돌발적인 웃음이나 품위 없이 소리 높여 웃지 않는다. 경솔하고 파열하듯 귀에 거슬리는 웃음은 자취를 감추고 미소와 기쁨으로 표정은 풍요로워진다. 왜냐하면 인생 가운데 그만큼의 즐거운 일은 아직 얼마든지 감춰져 있고 그것을 발견할 때마다 기쁠 것이기 때문이다. 결국 그는 그 미세함을 구별할 수 있을 만큼 섬세하고 민감한 내면의 경지에 닿아 있다.

방랑자와 그 그림자 ■

LEBEN

III

삶에
대하여

NIETZSCHE

LEBEN

036

시작하기에
시작된다

━━━ 모든 것의 시작은 위험하다. 그러나 무엇을 막론하고, 시작하지 않으면 아무것도 시작되지 않는다.

인간적인 너무나 인간적인 ■

인생을
최고로 여행하라

━━ 미지의 땅에서 막연히 여정을 소화하는 것만이 여행이라 생각하는 사람이 있는가 하면, 쇼핑만 하고 돌아오는 것이 여행이라 생각하는 사람도 있다. 여행지의 이국적인 풍경을 바라보는 것에 만족하는 여행자도 있고, 여행지에서의 만남과 체험을 즐기는 여행자도 있다. 나아가, 여행지에서의 관찰과 체험을 그대로 멈춰 두지 않고 자신의 업무나 생활 속에 살려 풍요로워지는 사람도 있다. 인생이라는 여로에서도 그것은 마찬가지다. 그때그때의 체험과 보고 들은 것을 그저 기념물로만 간직한다면 실제 인생은 정해진 일만 반복될 뿐이다. 그렇기에 어떤 일이든 다시 시작되는 내일의 나날에 활용하고, 늘 자신을 개척해 가는 자세를 갖는 것이야말로 인생을 최고로 여행하는 방법이다.

방랑자와 그 그림자 ■

038

삶과 강하게 맞서는 것을 선택하라

━━ 죽음을 다루면서도 삶에 대한 자극이 되어 주는 양서가 있는가 하면, 생명을 주제로 하면서도 삶을 나약하게 만드는 해로운 책이 있다. 그 차이는 책에 담긴 삶에 자세가 어떠한가에 의해 가늠된다. 언어로든 행동으로든 삶과 강하게 맞서는 것들은 좋은 것이다. 생동감 넘치는 것들은 끊임없이 주위에 좋은 영향을 미친다. 우리의 등을 토닥이며 살아가는 데 자극이 되어 준다. 그리고 누군가는 그러한 좋은 것을 선택함으로써 이미 많은 것을 살리기도 한다.

방랑자와 그 그림자 ■

039

높아지기 위해
버려라

— 인생은 그리 길지 않다. 어스름해질 무렵 죽음이 찾아와도 전혀 이상할 것이 없다. 때문에 우리가 무엇인가를 시작할 기회는 늘 지금 이 순간 밖에 없다. 그리고 이 한정된 시간 속에서 무언가를 하는 이상, 불필요한 것들을 벗어나 말끔히 털어버리지 않으면 안 된다. 그러나 무엇을 버릴 것인가에 대하여 고민할 필요는 없다. 마치 노랗게 변한 잎이 나무에서 떨어져 사라지듯이, 당신이 열심히 행동하는 동안 불필요한 것은 저절로 멀어지기 때문이다. 그렇게 우리의 몸은 더욱 가벼워지고 목표한 높은 곳으로 한 걸음 더 나아간다.

즐거운 지식 ■

040

조금의 억울함도 없는
삶을

━━ 지금 이 인생을 다시 한 번 완전히 똑같이 살아도 좋다는 마음으로 살라.

차라투스트라는 이렇게 말했다 ■

041

단언하면
찬동해준다

── 많은 사람들을 이해시키거나 그들에게 어떠한 효과를 미치고자 한다면 주저하지 말고 단호히 잘라 말하라. 자신의 의견을 정당화하기 위해 이렇다 저렇다 논하지도 말라. 그것은 오히려 많은 사람들에게 불신감을 불러일으킬 수 있다. 자신의 의견을 관철시키고 싶다면 일단은 단언하라.

여러 가지 의견과 잠언 ■

042

안이한 인생을
보내고 싶다면

━━ 인생을 쉽게, 그리고 안락하게 보내고 싶은가? 그렇다면 무리 짓지 않고서는 한시도 견디지 못하는 사람들 속에 섞여 있으면 된다. 언제나 군중과 함께 있으면서 끝내 자신이라는 존재를 잊고 살아가면 된다.

권력에의 의지 ■

043

꿈의 실현에
책임져라

━━ 당신은 어떠한 일에 책임을 지려 하는가. 무엇보다 자신의 꿈의 실현에 책임을 지는 것이 어떠한가. 꿈에 책임질 수 없을 만큼 당신은 유약한가? 아니면 용기가 부족한 것인가? 당신의 꿈 이상으로 당신 자신인 것도 없다. 꿈의 실현이야말로 당신이 가진 온 힘으로 이루어내야 하는 것이다.

아침놀 ■

044

허물을 벗고
살아가라

━━ 허물을 벗지 않는 뱀은 결국 죽고 만다. 인간도 완전히 이와 같다. 낡은 사고의 허물 속에 언제까지고 갇혀 있으면, 성장은 고사하고 안쪽부터 썩기 시작해 끝내 죽고 만다. 늘 새롭게 살아가기 위해 우리는 사고의 신진대사를 하지 않으면 안 된다.

아침놀 ■

045

직업이 주는
하나의 은혜

━━ 자신의 직업에 전념하면 쓸데없는 생각을 멀리할 수 있다. 그런 의미에서 직업을 가지고 있다는 것은 하나의 큰 은혜라 말할 수 있다. 인생이나 생활에서 우울한 일을 당했을 때, 익숙한 직업에 몰두함으로써 현실의 문제가 초래하는 압박감과 근심에서 벗어나 조용히 물러서 있을 수 있다. 힘들면 도망쳐도 상관없다. 끊임없이 싸우며 고난을 겪었다고 해서 반드시 그만큼 상황이 호전될 것이라고는 단정할 수 없다. 자신의 마음을 너무 괴롭히지 말라. 자신에게 주어진 직업에 몰두함으로써 걱정거리에서 멀어져 있는 동안 틀림없이 무엇인가가 달라진다.

인간적인 너무나 인간적인 ■

계획은 실행하면서
다듬어라

── 계획을 세우는 일은 즐거움과 쾌감을 동반한다. 장기여행의 계획을 세우거나 마음에 드는 집을 상상하거나, 혹은 성공할 업무 계획을 면밀하게 세우거나 인생 전반의 계획을 세우거나. 이 모든 것이 가슴을 두근두근 설레게 만드는, 꿈과 희망으로 가득한 작업이다. 그러나 즐거운 계획 세우기만으로 인생을 끝마칠 수는 없다. 살아가는 이상 그 계획을 실행하지 않으면 안 된다. 그렇지 않으면 누군가의 계획을 실행하기 위한 도우미 역할만이 맡겨질 뿐이다. 또한 계획을 실행하는 단계가 되면 갖가지 장애, 차질, 울분, 환멸 등이 모습을 드러낸다. 우리는 그것들을 하나씩 극복해 나가든가, 도중에 포기하는 수밖에 없다. 그렇다면 그러한 역경에 맞부딪치는 순간순간을 어떻게 극복할 것인가? 어렵게 생각지 말고 상황에 맞추어 계획을 다시 다듬어 나가면 된다. 이것으로 즐겁게 계획을 실현해 나갈 수 있다.

여러 가지 의견과 잠언 ■

047

생활을
소중히 생각하라

━━ 우리들은 익숙한 것, 즉 의식주에 대한 것을 너무도 소홀히 여기는 경향이 있다. 지나친 경우에는 살기 위해 먹고, 정욕 때문에 아이를 낳는다고 말하는 사람이 있을 정도다. 그런 사람들은 일상의 대부분이 추락하여, 뭔가 고상한 삶이란 자신과는 다른 머나먼 세계에 있는 양 이야기한다. 그러나 우리들은 인생의 토대를 확고히 지탱하고 있는 의식주라는 생활을 향해 가장 진지하고 흔들림 없는 시선을 쏟아야만 한다. 더욱 깊이 사고하고, 반성하고, 개선을 거듭하여 지성과 예술적 감성을 생활의 기본에 드리워야 한다. 의식주만이 우리를 살리고 현실적으로 이 인생을 살아가도록 만들기 때문이다.

방랑자와 그 그림자 ■

048

아이에게
청결관념을 심어 주어라

── 아이의 어린 시절, 특별히 강조하여 가르쳐야 할 것이 청결을 선호하는 감각이다. 물론 그것의 일차적인 이유는 손을 씻음으로써 더러움과 질병에서 몸을 지키고 건강을 유지할 수 있기 때문이다. 이러한 청결관념은 이윽고 다른 정신적인 면으로도 확장된다. 도둑질이나 그 외의 악행에 대한 거부와 혐오감의 인식이 고양된다. 그로써 아이는 사회적 인간으로서의 절도와 청렴함, 온후함, 좋은 품성을 자연스럽게 몸에 익히게 된다. 이렇게 습관으로 자리잡은 청결관념은 모든 악에 대한 결벽함을 형성함으로써 행복한 삶을 위한 요소나 계기를 자연스럽게 곁으로 끌어들인다.

방랑자와 그 그림자 ■

049

생활을
디자인하라

━━ 쾌적하고 아름답게 살고 싶다면 그 요령을 예술가에게서 배울 수 있다. 가령 화가는 사물의 배치에 신경을 쓴다. 일부러 먼 곳에 두기도 하고, 비스듬한 곳에서만 보이게 하고, 석양이 반사되도록 하고, 그림자가 효과적으로 드리우도록 장치한다. 이것과 비슷한 것을 우리는 생활 속에서 하고 있다. 바로 인테리어 배치다. 용도만을 고려하여 가구를 배치하는 것이 아니라 아름답게 생활할 수 있도록 이런저런 방법을 강구한다. 그렇지 않으면 잡다하고 혼란스러운 공간 속에서 생활해야 하기 때문이다. 이와 마찬가지로 우리는 생활 전반의 일이나 인간관계를 자신이 원하는 대로, 필요한 대로 디자인할 수 있다.

즐거운 지식 ■

050

소유욕에
정복당하지 마라

━━ 소유욕이 나쁜 것은 아니다. 소유욕은 일을 하고 돈을 벌도록 종용한다. 그 돈에 의해 사람은 풍족한 생활을 누릴 뿐 아니라 인간적인 자유와 자립까지도 손에 넣을 수 있다. 그러나 그 소유욕이 정도를 넘게 되면 사람을 노예처럼 부리기 시작한다. 더 많은 돈을 차지하기 위해 자신에게 주어진 모든 시간과 능력을 소모하는 나날이 시작된다. 소유욕은 휴식마저도 앗아가고, 그 사람을 완전히 구속한다. 내면의 풍요로움, 정신적인 행복, 고귀한 이상과 같이 인간에게 소중한 것들은 완전히 무시되어 버린다. 그리고 끝내 물질적인 면에서는 풍족하지만 내면적으로는 매우 빈곤한 인간으로 전락해 버린다. 그렇기에 우리는 어느덧 소유욕이 자신을 지배하려 하지는 않는지 항상 경계해야 한다.

방랑자와 그 그림자 ■

051

목표에만 사로잡혀
인생을 잃지 마라

— 산을 오른다. 짐승처럼, 망설임도 없이. 땀범벅이 되어 오직 정상을 목표로 오를 뿐이다. 오르는 동안 눈부시게 아름다운 풍경이 펼쳐질 테지만, 오로지 높은 곳을 향하는 것 외에는 알지 못한다. 그것이 여행이든 늘 하는 일이든, 하나의 것만 탐닉하고 다른 것은 완전히 잊어버린다. 사람은 그 같이 우매한 짓을 때때로 저지른다. 일의 경우 매출 향상만이 오직 단 하나의 목적인 양 착각한다. 그리고 어느새 일하는 의미를 잃고 만다. 이 같은 어리석은 행위는 언제나 반복된다. 마음의 여유를 잃고 이해타산적인 행동만을 중시한 나머지 오로지 그 관점에서 인간적인 것조차 모두 쓸모없는 짓이라 간주한다. 그리고 결국에는 자신의 인생 자체를 잃게 되는 일이 빈번히 자행되고 있다.

방랑자와 그 그림자 ■

언젠가는
죽기에

── 죽는 것은 이미 정해진 일이기에 명랑하게 살아라. 언젠가는 끝날 것이기에 온 힘을 다해 맞서자. 시간은 한정되어 있기에 기회는 늘 지금이다. 울부짖는 일 따윈 오페라 가수에게나 맡겨라.

권력에의 의지 ■

053

인간이기에
짊어진 숙명

━━ 인생을 살아가는 동안 수많은 체험을 하고, 마침내 우리는 인생을 짧다 혹은 길다, 풍요롭다 혹은 가난하다, 충실하다 혹은 공허하다고 판단한다. 그러나 우리의 눈이 끝없이 먼 곳까지 볼 수 없듯이 살아 있는 육신을 가진 우리가 체험할 수 있는 범위와 거리도 한정되어 있다. 귀로 모든 소리를 들을 수 없으며 손으로 모든 것을 어루만질 수 없다. 그럼에도 불구하고 크다 작다, 딱딱하다 부드럽다며 제멋대로 판단한다. 그것도 모자라 다른 생물에 관해서도 마음대로 판단한다. 결국 처음부터 한계가 존재함에도 불구하고 자신들의 판단이 잘못되었다는 것조차 깨닫지 못한다. 이것이 인간이기에 갖게 되는 어쩔 수 없는 숙명이다.

아침놀 ■

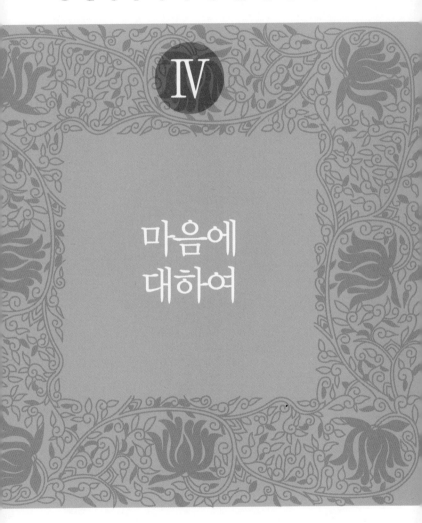

IV

마음에
대하여

NIETZSCHE

GEISTIGKEIT

054

경쾌한
마음을 가져라

━━ 창조적인 일을 할 때는 물론, 일상적인 일을 하는 경우에
도 경쾌한 마음으로 임하면 순조롭게 잘 진행된다. 그것은 거
침없이 비상하는 마음, 사소한 제한 따윈 염두에 두지 않는 자
유로운 마음이 있기 때문이다. 천생 타고난 이 마음을 위축시
키지 않고 지켜나감이 좋다. 그것으로 여러 가지 일을 거뜬히
이룰 수 있는 사람이 될 수 있다. 그러나 본인 스스로가 경쾌한
마음을 가지고 있지 않다고 느낀다면 되도록 많은 지식과 만나
고 많은 예술과 접하라. 그러면 그 마음에 서서히 경쾌함이 채
워질 것이다.

인간적인 너무나 인간적인 ■

055

마음에 빛을 품어야
희망의 빛 또한 알아볼 수 있다

━━ 여기에 희망이 있다고 해도 자신 안의 빛과 작열함을 경험하지 못했다면 그것이 희망이라는 것을 깨닫지 못한다. 희망의 그 어떤 것도, 볼 수도 들을 수도 없다.

즐거운 지식 ■

056

풍경이
마음에 선사하는 것

━━ 평소 자신의 생활이나 업무 속에서 불현듯 주위를 돌아보거나 멀리 시선을 두었을 때, 산과 숲이 펼쳐지고 아련한 수평선 혹은 지평선이라는 확고하고 안정된 선이 있다는 것은 매우 중요하다. 얼핏 그것들은 단순히 눈에 익은 풍경에 지나지 않을지 모른다. 그러나 그 풍경 속에 있는 견고하고 안정된 선은 인간의 내면에 차분함과 충족, 안도감과 깊은 신뢰라는 것을 안겨준다. 모든 이가 그것을 본능적으로 알기에 창 너머 보이는 풍경을 중시하고, 자연과 좀 더 가까이 있는 보금자리를 선택하려고 한다.

인간적인 너무나 인간적인 ■

057

매일의 역사를
만들라

■■■ 우리는 역사라는 것을 자신과는 거의 무관한 동떨어진 것으로 생각한다. 혹은 도서관의 낡은 책장 속에 가지런히 꽂혀 있는 오래된 책쯤으로 여긴다. 그러나 우리들 한 사람 한 사람에게도 역사는 분명 존재한다. 그것은 매일의 역사다. 현재인 오늘 하루 자신이 무엇을 어떻게 행동하는가, 그것이 매일의 역사의 한 페이지를 장식한다. 겁먹거나 허둥대지 않고 오늘 하루를 마칠 수 있는가? 태만하게 보낼 것인가 혹은 용맹스럽게 도전할 것인가? 어제보다 좀 더 나은 방법을 생각해 무엇인가를 할 것인가? 그 같은 태도 하나하나가 자신의 매일의 역사를 만든다.

즐거운 지식 ■

058

시점을 바꾸거나
역발상을 하거나

━━ 끊임없이 바라고 추구했음에도 불구하고 원하는 것을 얻지 못해 끝내 지친다면, 이젠 그것을 이루려고 하기보다 부릅뜨고 주시하라. 무슨 일을 해도 바람이 불어와 순조로운 진행을 방해한다면 이제부터는 그 바람을 이용해 보라. 돛을 높이 올리고 어떤 바람이 불어오든 모두 순풍으로 만들어라.

농담, 음모 그리고 복수 ■

059

마음의 습관을
바꿔라

━━ 매일 사소한 습관의 반복이 만성적인 병을 만든다. 그와 마찬가지로 마음의 습관적인 반복이 영혼을 병들게도, 또 건강하게도 만든다. 하루에 열 번 주위 사람들에게 냉담한 말을 퍼부었다면 오늘부터는 하루에 열 번 주위 사람들에게 기쁨을 안겨주는 말을 건네 보라. 그러면 자신의 영혼이 치유될 뿐 아니라, 주위 사람들의 마음도 상황도 한결 나아질 것이다.

아침놀 ■

060

평등에 대한
욕망

━━━ 평등이라는 개념어를 즐겨 사용하는 사람은 두 가지 욕망 중 어느 한쪽을 숨기고 있다. 하나는 다른 사람들을 자신의 수준까지 끌어내리려는 욕망이다. 다른 하나는 자신과 다른 사람들을 높은 차원으로 끌어올리려는 욕망이다. 따라서 부르짖는 평등이 어느 쪽인지를 명확히 파악하는 것이 중요하다.

인간적인 너무나 인간적인 ■

061

장점의 이면에
숨어 있는 것

━━ 은근히 사양한다. 그 누구의 기분도 거스르지 않도록 배려한다. 가능한 한 폐를 끼치지 않으려 한다. 그런 사람은 주위 사람들을 생각하고 공정한 성질을 가지고 있는 듯이 보인다. 그러나 그 사람이 겁쟁이라도 똑같은 행동을 한다. 비록 장점으로 보이는 것일지라도 그 근원이 어디서 나오는지 잘 살펴볼 필요가 있다.

인간적인 너무나 인간적인 ■

062

승리에
우연은 없다

▬▬ 승리자는 예외 없이 우연이라는 것을 결코 믿지 않는다.
비록 그가 겸손한 마음에 우연성을 입에 담는다고 해도 말
이다.

즐거운 지식 ■

063

두려워하면
패배한다

━━ '더 이상 나아갈 길이 없다'고 생각하면 개척으로 향한 길이 존재해도 느닷없이 시야에서 사라진다. '위험하다'고 생각하면 안전한 곳은 사라진다. '이것으로 끝'이라 믿으면 종말의 입구로 발을 내딛게 된다. '어떻게 할까'라고 생각하면 불현듯 최선의 대처법을 찾을 수 없게 된다. 결론은, 두려워하면 패배한다는 것이다. 파멸하고 만다. 상대가 너무 강하기 때문에, 지금까지 없던 곤경에 빠져 있기 때문에, 상황이 너무 나쁘기 때문에, 역전할 수 있는 조건이 갖춰져 있지 않기 때문에 패배하는 것이 아니다. 마음속에 두려움을 가지고 겁먹고 있을 때, 스스로 파멸과 패배의 길을 선택하게 된다.

농담, 음모 그리고 복수 ■

064

마음은
태도에 드러난다

—— 극단적인 행동, 짐짓 과장된 태도를 취하는 사람에게는 허영심이 있다. 자신을 크게 보이는 것, 자신에게 힘이 있다는 것, 자신이 뭔가 특별한 존재라는 것을 타인에게 각인시키길 원한다. 실제로는 아무것도 없는 텅 빈 내면을 가졌음에도 불구하고 그러하다. 사소한 것에 사로잡히는 사람은 배려심이 있는 듯 혹은 무슨 일에든 섬세한 듯 보이지만 내실은 공포심을 끌어안고 있는 것이다. 실패하지는 않을까 두려운 것이다. 혹은 무슨 일이든 자신 이외의 사람이 관계하면 순조롭게 진행되지 못할 것이란 생각을 가지고 있어 내심 타인을 얕잡아 보는 까닭이기도 하다.

인간적인 너무나 인간적인 ■

065

사실을
보지 못한다

■■■■ 대부분의 사람은 사물이나 상황 그 자체를 보지 않는다.
그것에 사로잡힌 자신의 생각이나 집착, 고집, 그 상황에 대한
자신의 감정 또는 머릿속에 멋대로 떠올린 상상을 본다. 결국
자신을 이용하여 사물이나 상황 자체를 감추고 있다.

아침놀 ■

066

반대하는 사람의
심리

제시받은 어떤 안에 대하여 반대하는 경우, 찬찬히 사고한 뒤에 확고한 근거를 가지고 반대하는 사람은 매우 드물다. 대부분의 사람은 그 안이나 의견을 말하는 발표자의 태도, 말투, 성격 또는 분위기에 대한 반발심에서 반대한다. 이 같은 사실을 알고 나면 대부분의 사람을 자신의 편으로 만드는 방법이 무엇인지를 자연히 터득하게 된다. 표현하는 방법, 설득하는 방법, 발언에 대한 기술적인 것에도 분명 고심할 필요는 있다. 하지만 기술로는 미치지 못하는 것, 결국 의견을 말하는 사람의 성격이나 용모, 인품, 생활태도가 가장 큰 영향을 미친다.

인간적인 너무나 인간적인 ■

067

영원한
적

━━ 적을 말살하려는 것인가. 진심인가. 진정 상대를 파멸시키는 것이 좋겠는가. 적은 말살될지 모른다. 그러나 그로 인해 적이 당신 안에서 영원한 것이 되어 버리지는 않을지 곰곰이 생각해 보았는가.

아침놀 ■

068

허영심의
교활함

━━ 인간이 가지고 있는 허세, 즉 허영심은 복잡하다. 예컨
대 자신이 좋아하지 않는 성질이나 버릇, 나쁜 행동을 진실한
마음으로 타개한 듯이 보이는 경우에서조차, 그에 의해 더 나
쁜 부분을 감추려고 하는 허영심이 때때로 작용하고 있기 때문
이다. 또한 보통 상대에 따라 무엇을 드러내고 무엇을 감출 것
인지를 달리한다. 그런 관점에서 타인이나 자신을 잘 관찰하면
그 사람이 지금 무엇을 부끄럽게 생각하며 무엇을 감추고 있는
지, 무엇을 내보이려 하는지를 명료하게 알 수 있다.

인간적인 너무나 인간적인 ■

069

영혼은
사치의 물에 노닐기를 좋아한다

━━ 사치를 좋아하는 습성이라는 것이 비단 신분에 어울리지 않는, 자만하는 마음에서 비롯되는 것만은 아니다. 평소 생활에 꼭 필요하지는 않은 것, 과잉한 것에 어쩔 수 없이 매료당하는 것은 사치가 인간의 영혼이 가장 즐겨 헤엄치는 물, 그 자체이기 때문이다.

아침놀 ■

070

싫증을 느끼는 이유는
자신의 성장이 멈췄기 때문이다

— 좀처럼 간단히 손에 넣을 수 없는 것일수록 간절히 원하는 법이다. 그러나 일단 자신의 것이 되고 얼마간의 시간이 흐르면 쓸데없는 것인 양 느껴지기 시작한다. 그것이 사물이든 인간이든 마찬가지다. 이미 손에 넣어 익숙해졌기에 싫증이 난다. 그러나 그것은 자기 자신에게 싫증나 있는 것이다. 손에 넣은 것이 자기 안에서 변하지 않기에 질린다. 즉, 대상에 대한 자신의 마음이 변하지 않기 때문에 흥미를 잃는다. 결국 계속해서 성장하지 않는 사람일수록 쉽게 싫증을 느낀다. 오히려 인간으로서 끊임없이 성장하는 사람은 계속적으로 변화하기에 똑같은 사물을 가지고 있어도 조금도 싫증을 느끼지 않는다.

즐거운 지식 ■

071

활발하기에
지루함을 느낀다

─── 게으른 자는 여간해서는 지루함을 느끼지 않는다. 지루함을 느끼는 자는 높은 감성으로 활발한 활동을 추구하려는 정신을 가지고 있기에, 뜻밖에 주어진 시간에 지루함을 느낀다.

방랑자와 그 그림자 ■

072

피곤할 때에는
사고를 멈춰라

━━ 평소처럼 의연할 수 없다면 그것은 우리가 지쳐 있다는 증거다. 지쳤을 때 우리들은 한숨짓고, 불평을 늘어놓고, 후회하고, 뱅글뱅글 비슷한 것들만을 생각한다. 그러는 가운데 우울한 것과 어두운 것이 머릿속을 멋대로 휘젓고 다니게 된다. 그것은 독을 마신 것과 진배없기에, 피곤하다고 느낀다면 사고를 멈추고 휴식을 취하거나 잠을 자는 것이 최선이다. 그리고 다시 의연히 활동할 수 있도록 내일을 향해 준비하라.

즐거운 지식 ■

073

쾌감과 불쾌감은
사고가 낳는다

━━ 우리는 특정한 그 무언가가 자신에게 쾌감 또는 불쾌감이라는 감정을 불러일으킨다고 굳게 믿고 있다. 그러나 실제로 그 모든 것은 자신의 사고방식의 작용에 의한 것이다. 예컨대 우리는 어떠한 일을 한 다음 '그렇게 하지 않았다면 좋았을 텐데'라며 불쾌감을 맛볼 때가 있다. 반대로 '이렇게 했더니 최고의 결과를 얻었다'며 쾌감을 맛보기도 한다. 이 같은 생각이 가능한 이유는 자신이 두 가지 방법 가운데 어느 쪽이든 선택할수 있었다고 믿기 때문이다. 결국 어떤 상황에서건 자신은 항상 선택의 자유가 있다는 전제에서 나온 생각이다. 그러나 자신에게 선택의 자유가 있었다는 그 같은 생각조차 없다면 어떨까. 벌어진 상황에 대한 쾌감, 불쾌감이 생길 여지 따위도 없을 것이다.

방랑자와 그 그림자 ■

074

왜 자유로운 사람이
멋있는가

―― 자유를 추구하고, 사물을 보는 시점을 보다 자유롭게 하여 자신의 능력과 개성을 최대한 발휘하려고 하는 노력은 많은 이점을 낳는다. 우선 그는 무의식적으로 자신의 결점을 확대시키거나 악행을 저지르지 않게 된다. 왜냐하면 사물을 자유롭게 바라보는 데 있어서 그것들은 방해가 되기 때문이다. 마찬가지로 자신을 자유롭게 함에 있어 방해가 되는 분노나 혐오의 감정도 자연히 필요치 않다. 진정 자유로운 사람이 활기차고 말쑥한 인상으로 비춰지는 것은 실제로 그의 정신과 마음이 이처럼 현명하기 때문이다.

선악을 넘어서 ■

075

정신의 자유를
위해서는

—— 진정으로 자유롭고 싶다면 자신의 감정이 제멋대로 날뛰지 않도록 어떻게든 구속할 필요가 있다. 감정을 제멋대로 풀어놓는다면 그때마다 감정이 자신을 휘두르고, 혹은 감정이 이끄는 한 방향으로만 몸과 마음이 향해 결국에는 자신을 자유롭지 못하게 만들기 때문이다. 정신적으로 자유롭고 본인의 의지대로 생각할 수 있는 사람은 이 같은 사실을 모두 잘 알고 실천하고 있다.

선악을 넘어서 ■

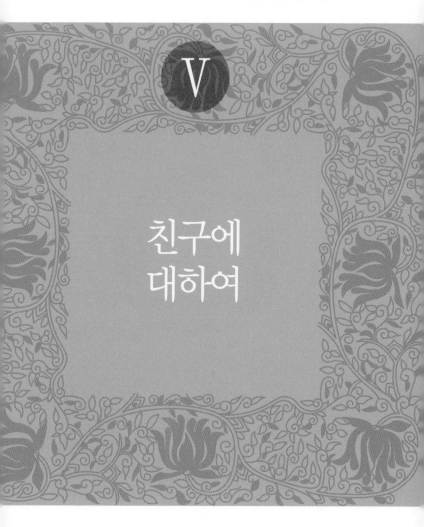

V

친구에
대하여

FREUNDSCHAFT

076

친구를
만드는 방법

━━━ 함께 고통스러워하는 것이 아니라, 함께 즐거워해야 한다. 그러면 친구를 만들 수 있다. 그러나 질투와 자만은 친구를 잃게 만들기에 경계해야 한다.

인간적인 너무나 인간적인 ■

077

친구와
이야기하라

—— 친구와 많은 이야기를 나눠라. 여러 가지에 대하여 이야기하라. 그것은 단순한 수다가 아니다. 자신이 이야기한 것은 자신이 믿길 원하는 구체적인 어떤 것이다. 가슴을 열고 허심탄회하게 친구와 이야기를 나눔으로써 자신이 무엇을 어떻게 생각하고 있는지가 명확히 보인다. 또한 누군가를 친구로 삼는다는 것은 자신이 그 친구 안에 존경할 만한 그 무엇, 인간으로서 어떤 동경을 품고 있음을 뜻한다. 그렇기에 친구를 사귀고, 이야기를 나누고, 서로를 존경하는 것은 높은 곳을 향함에 있어 반드시 필요한 일이다.

차라투스트라는 이렇게 말했다 ■

078

네 가지 덕을
지녀라

━━ 자신과 친구에 대해서는 늘 성실하라. 적에 대해서는 용기를 가져라. 패자에 대해서는 관용을 베풀어라. 그 밖의 모든 경우에 대해서는 언제나 예의를 지켜라.

아침놀 ■

079

친구관계가
성립할 때

━━ 친구가 되었을 때, 다음의 관계가 유지된다고 말할 수 있다. 상대를 자신보다 존중한다. 상대를 사랑한다. 그러나 자신을 사랑하는 만큼은 아니다. 상대와의 교제에서는 적어도 친밀함과 온화함으로 다가간다. 그렇지만 옴짝달싹 못하는 과한 친밀함에 빠져들 정도는 아니다. 상대와 자신을 혼동하지 않고 서로의 차이를 잘 이해해야 한다.

여러 가지 의견과 잠언 ■

080

신뢰관계가 있다면
담담해도 좋다

━━ 지나칠 정도로 친밀한 태도를 보이는 것. 이것저것을 구실 삼아 상대와의 친밀함을 얻어내려 하고, 필요 이상의 연락을 빈번히 해오는 사람은 상대의 신뢰를 얻었는지 전혀 자신하지 못하는 사람이다. 이미 서로 신뢰하는 사이라면 친밀한 감정에 의지하지 않는다. 제삼자의 눈에는 오히려 무미건조한 교제처럼 보이는 경우가 많다.

인간적인 너무나 인간적인 ■

081

자신을 성장시키는
교제를 추구하라

— 젊은 사람이 오만하고 교만한 것은, 아직 그 어떤 위인도 되지 못한 주제에 자신을 상당한 인물인 양 내세우려는 동류의 사람들과 친구로 지내기 때문이다. 그 안이한 착각 속에서 쾌락을 맛보고 젊은 날을 낭비하는 것은 너무도 큰 손실이다. 젊은이는 가능한 한 이른 시기에, 진정한 실력에 의해 높은 차원에 이른 사람, 공로가 있는 사람을 찾아내 그와 교제해야 한다. 그러면 지금까지 자기만족적인 교만과 알맹이 없는 겉치레, 허세, 오만 따위 순식간에 사라지고 자신이 지금 무엇을 해야 하는지가 눈앞에 보일 것이다.

인간적인 너무나 인간적인 ■

082

흙발로 들어오는 사람은
사귀지 마라

━━ 친해지면 상대의 개인적인 영역에까지 성큼 발을 들여놓아도 된다고 생각하는 종류의 인간과는 결코 교제하지 마라. 그런 사람은 가족처럼 사귄다는 것을 빌미로 결국 상대를 자신의 지배 아래, 영향력 아래에 두려고 하기 때문이다. 교우관계에서도 서로를 혼동하지 않는 주의와 배려는 중요하다. 그것이 이루어지지 않으면 친구로 지낼 수 없다.

방랑자와 그 그림자 ■

083

둔감함이
필요하다

■■■ 늘 민감하고 날카로울 필요는 없다. 특히 사람과의 교제
에서는 상대의 어떤 행위나 사고의 동기를 이미 파악했을지라
도 모르는 척 행동하는 일종의 거짓 둔감이 필요하다. 말은 가
능한 한 호의적으로 해석해야 하며, 상대를 소중한 사람인 양
대하되 결코 이쪽이 일방적으로 배려하는 것처럼 보이지 않아
야 한다. 마치 상대보다 둔한 감각을 가진 듯이. 이것이 사교의
요령이며, 사람에 대한 위로이기도 하다.

인간적인 너무나 인간적인 ■

084

같은 부류만이
이해할 수 있다

── 자신을 칭찬하는 사람들은 자신과 비슷한 사람들이다. 자신 또한 본인과 비슷한 사람들을 칭찬한다. 자신과 같은 부류의 인간이 아니면 제대로 이해할 수 없고 장단점도 알 수 없다. 그리고 자신과 어딘지 닮은 상대를 칭찬함으로써 왠지 모르게 자신도 인정받고 있는 듯한 기분에 젖어들기도 한다. 결국 인간에게는 각각의 수준이라는 것이 있다. 그 수준 속에서 이해와 칭찬이라는 우회적인 형태로 자기 인정이 행해지고 있는 것이다.

즐거운 지식 ■

085

우정을 키우는 재능이
좋은 결혼을 부른다

── 어린아이는 인간관계를 돈벌이나 이해관계, 연애로 시작하지 않는다. 일단은 친구관계에서 시작한다. 즐겁게 놀고, 싸우고, 위로하고, 경쟁하고, 서로에게 제안하고…… 여러 가지일이 두 사람 사이에 우정이라는 것을 형성하고 서로는 서로에게 친구가 된다. 혹여 멀리 떨어져 있게 될지라도 여전히 친구로 남는다. 좋은 친구관계를 쌓아간다는 것은 매우 중요하다. 우정은 다른 인간관계의 기초가 되기 때문이다. 마찬가지로 좋은 친구관계는 좋은 결혼으로 이어지는 기초가 되기도 한다. 결혼생활은 남녀의 특별한 인간관계이면서도 그 토대에는 우정을 키우는 재능이 반드시 필요하기 때문이다. 따라서 좋은 결혼이 될 것인지 말 것인지를 환경이나 상대의 탓으로 돌리는 것은 자신의 책임을 잊은 완전한 착각이라 할 수 있다.

인간적인 너무나 인간적인 ■

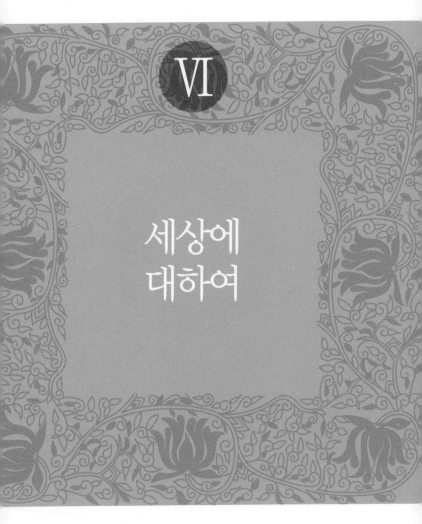

VI

세상에
대하여

NIETZSCHE

ÖFFENTLICHKEIT

086

세상을
초월하여 살라

── 세상에 존재하면서 이 세상을 초월하여 살아라. 세상을 초월하여 산다는 것은 우선 자신의 마음과 감정이 시도 때도 없이 작용하여 이쪽저쪽 움직이지 않는 것이다. 정동情動에 휘둘리는 것이 아닌, 정동이라는 말에 올라타 능숙하게 그것을 다루는 것이다. 이것이 가능해지면 세계와 시대의 흐름, 변화에 휘둘리지 않는다. 그리고 확고한 자신을 가지고 강인하게 살아갈 수 있게 된다.

선악을 넘어서 ■

087

안정지향이
사람과 조직을 부패시킨다

■■■ 유유상종이라는 말이 있다. 그러나 같은 생각을 가진 사람만이 모여 서로를 인정하고 만족하면 그곳은 뻔뻔한 폐쇄 공간이 되어 버려, 더 이상 새로운 사고나 발상이 나오지 않게 된다. 또한 조직의 연장자가 자신의 사고와 똑같은 의견을 가진 젊은이만을 육성하게 되면, 조직도 젊은이도 완전히 망가지고 만다. 반대 의견이나 새롭고 이질적인 발상을 두려워하고 자신들의 안정만을 추구하는 자세는 오히려 조직과 사람을 근원부터 부패시켜 급격한 퇴폐와 파멸을 초래하고 만다.

아침놀 ■

088

모든 사람들로부터
사랑받지 않아도 된다

━━ 자신에 대하여 생리적 혐오를 가진 상대에게 아무리 정중하게 대해도, 그 자리에서 자신에 대한 생각이 달라지지는 않는다. 결국에는 도리어 무례한 놈이라 여겨질 뿐이다. 반드시 모든 이로부터 사랑받아야 한다고 생각지 말라. 이러한 때에는 무리하게 애쓰지 않고, 평소의 자세로 담담히 지내는 것이 최선이다.

인간적인 너무나 인간적인 ■

Nietzsche

089
살아 있는 자신의 의견을
· 가져라

━━ 살아 있는 물고기를 손에 넣기 위해서는 밖으로 나가 스스로 낚아 올려야 한다. 마찬가지로 자신의 의견을 가지기 위해서는 스스로 자신의 생각을 깊이 파고들어 언어화하지 않으면 안 된다. 그것은 물고기 화석을 사는 것보다 나은 일이다. 자신의 의견을 가지는 것이 성가시다고 생각하는 사람들은 돈을 지불하고 상자에 든 화석을 산다. 이 화석은 곧 타인의 낡은 의견이다. 그리고 그들은 돈을 주고 산 의견을 자신의 신념으로 삼는다. 그런 그들의 의견은 살아 있음의 생기가 전혀 느껴지지 않고, 언제까지나 항상 그 상태로 정체해 있다. 이 세상에는 그런 인간이 수없이 많다.

방랑자와 그 그림자 ■

090

겉모습에
속지 마라

━━ 도덕적으로 행동하는 사람이 진정 도덕적이라 단언할 수는 없다. 그것은 단순히 도덕에 복종하고 있는 것일지 모르기 때문이다. 스스로는 아무런 생각도 판단도 하지 않고 세상에 대한 체면 때문에 단순히 따르고 있거나, 자만심에 차 그 같이 행동하는 것일지도 모른다. 무기력감에 체념한 상태일 수도 있고, 다른 사고나 행동은 성가시다는 생각에 도덕적인 행동을 '그저' 하는 것일지도 모른다. 결국 도덕적인 행위 그 자체가 진정 도덕적이라 단정할 수는 없다. 요컨대 도덕은 그 행위만으로는 진짜인지 아닌지를 좀처럼 판단할 수 없다.

아침놀 ■

091

타인을 향한 비난은
자신을 드러낸다

━━ 누군가를 책망하는 사람, 누군가가 나쁘다며 강하게 주장하는 사람이 있다. 그러나 그들은 그 고발을 함으로써 스스로의 성격을 무심결에 드러내는 경우가 많다. 제삼자가 보면 추잡할 정도로 거센 비난에 나선 사람이 오히려 나쁜 쪽이 아닐까 하는 생각이 들 정도로 비열한 성격을 드러낸다. 그렇기에 지나칠 정도로 심하게 남을 비난하는 사람일수록 주위 사람들로부터 미움을 받는다.

아침놀 ■

092

사소한 것에
힘들어하지 마라

── 덥다의 반대는 춥다, 밝다의 반대는 어둡다, 크다의 반대는 작다…… 이것들은 상대적 개념을 사용한 일종의 언어유희다. 그러나 현실도 이와 같다고 생각해서는 안 된다. 예컨대 '덥다'는 '춥다'에 대립하는 개념이 아니라는 뜻이다. 이들 두 가지 개념은 어떤 현상에 대해 자신이 느끼는 정도의 차이를 이해하기 쉽게 표현한 것에 지나지 않는다. 그럼에도 불구하고 현실도 이처럼 대립한다고 믿는다면 그것이 자신을 괴롭히는 곤란과 역경으로 작용해 작은 변화가 큰 고통이 되고 단순한 거리가 소원해지거나 절교로 이어지는 단초가 되고 만다. 그리고 대부분의 고민은 이 정도의 차이를 깨닫지 못한 사람들이 늘어놓는 불평불만에 지나지 않는다.

방랑자와 그 그림자 ■

093

많은 사람들의 판단에
현혹되지 마라

━━ 사람들은 시스템이나 이치가 매우 분명한 것, 혹은 간단히 설명할 수 있는 것을 가볍게 다루는 경향이 있다. 그와 반대로 설명되지 않는 것, 애매함과 불명료함이 남는 것은 중요한 것으로 받아들이는 경향이 있다. 물론 무엇이 중요하고 무엇이 그렇지 않은지는 이 같은 심리가 좌우하는 판단과는 별개의 것이다. 그렇기 때문에 마음의 동요에 현혹되어 중요한 것이 무엇인지 잘못 판단하지 않도록 주의해야 한다.

인간적인 너무나 인간적인 ■

094

인정의
기준

━━ 누군가가 무언가를 인정한다. 그 이유는 세 가지다. 우선은 그 일에 대해서 아무것도 모르기 때문이다. 두 번째는 그것이 세상에서 너무도 흔한 일인 듯 보이기 때문이다. 그리고 세번째는 이미 그 사실이 일어났기 때문이다. 이제 그것이 선악중 어느 쪽인가, 어떤 이해를 낳는가, 어떤 정당한 이유가 있는가 하는 것들은 인정의 기준이 되지 않는다. 이런 식으로 많은 사람들이 인습이나 전통, 정치를 인정하고 있다.

아침놀 ■

095

두 종류의
지배

■■■ 지배에는 두 종류가 있다. 하나는 지배욕에 따라 움직이
는 지배다. 다른 하나는 누구의 지배도 받고 싶지 않기 때문에
행하는 지배다.

아침놀 ■

096

비판이라는 바람을
불어넣어라

—— 곰팡이는 통풍이 되지 않는 축축한 곳에서 자라고 번식한다. 이와 같은 일이 사람들의 조직과 그룹에서도 일어난다. 비판이라는 바람이 불어오지 않는 폐쇄적인 곳에는 반드시 부패와 추락이 태어나 거침없이 자란다. 비판은 깊은 의심에서 나온 심술이나 고약한 의견 따위가 아니다. 비판은 바람이다. 이마를 시원하게 식히기도, 눅눅한 곳을 건조시키기도 하여 나쁜 균의 번식을 억제하는 역할을 한다. 그렇기에 비판은 쉼 없이 들을수록 좋다.

인간적인 너무나 인간적인 ■

097

조직에서
불거져 나오는 사람

▬ 다른 사람들보다 깊고 넓은 사고의 폭을 가진 사람은 조직이나 파벌에 속하기에는 적합하지 않다. 그 같은 사람은 어느 사이엔가 조직과 당파의 이해를 초월하여 한 차원 높은 사고를 하기 때문이다. 조직과 파벌이라는 것은 고만고만한 도토리의 집합체, 작은 물고기의 무리와도 같아서 사고방식까지도 보통 사람의 틀 안에 가두어 버린다. 그러므로 사고방식의 차이로 조직에 익숙해지지 않는다고 하여 자신만을 이상하게 여길 필요는 없다. 그것은 조직이라는 좁은 세계를 초월한 넓은 차원에 이르렀기 때문일 수도 있으므로.

인간적인 너무나 인간적인 ■

098

규칙은
많은 것을 변화시킨다

—— 질서를 만들기 위해서, 나쁜 일을 방지하기 위해서, 혹은 위험성을 줄이기 위해서, 효율을 높이기 위해서 규칙이나 법률이라는 것이 만들어진다. 그리고 그 후에는 규칙이 존재하기에 새로운 상황이 형성된다. 그것은 규칙이 필요했을 때의 상황과 완전히 다른 것이다. 그 규칙을 폐지하더라도 규칙이 없었던 과거와 똑같은 상황으로 돌아가지는 않는다. 규칙은 환경도 인심도 바꿔 놓기 때문이다.

방랑자와 그 그림자 ■

099

요리와
힘

―― 회식할 때에는 어째서 항상 다양한 종류의 요리가 즐비하게 놓이는 것일까? 그것은 단순히 영양을 제공하기 위해서라기보다는 사람들에게 어떠한 인상을 심어주기 위한 것이다. 그렇다면 그것은 어떤 인상일까? 그것은 힘의 인상이요, 명예의 인상이요, 위엄, 우월성, 권력의 인상이다. 평소에는 돈이 그것을 대표하지만, 식탁에서는 요리가 그것을 대표한다.

아침놀 ■

100

악인에게는
자기애가 부족하다

── 악인에게는 공통점이 있다는 사실을 알고 있는가? 그들의 공통점이란 자신을 증오한다는 것이다. 자신을 미워하고 있기에 나쁜 짓을 한다. 악행은 자신을 상처 입히고 벌을 줄 수 있기 때문이다. 따라서 그들은 파멸로 향하는 길을 계속해 나아간다. 거기에 그치지 않는다. 악인은 자신을 향한 증오와 복수심으로 주위 사람들까지 희생시킨다. 도박 중독에 사로잡혀 있는 사람이 주위 사람들에게 고통을 주는 것과 같다. 따라서 악인의 불행을 자업자득이라 방관하는 것은 바람직하지 않다. 그들이 자기 자신을 미워하지 않고 스스로를 사랑할 수 있도록 우리가 관심을 기울여야 한다. 그렇지 않으면 악은 급속도로 세상에 만연하게 될 것이다.

아침놀 ■

101

공격하는 자의
내적 이유

—— 폭력적인 성질을 지녔기 때문에 공격하는 것이 아니다.
누군가를 해치거나 괴롭히기 위해 공격하는 것도 아니다. 단지
자신의 힘이 어느 정도인지, 어디까지 자신의 힘이 미치는지
알고 싶어 공격하는 경우를 어렵지 않게 찾아볼 수 있다. 또한
자신을 정당화하기 위해 공격하기도 한다. 이것은 개인은 물론
국가 또한 그러하다.

인간적인 너무나 인간적인 ■

102

상황 좋은
해석

━━ 이웃을 사랑하라. 이 같은 말에도 불구하고 대부분의 사람은 자신의 이웃이 아닌 이웃의 이웃에 사는 사람, 혹은 더 먼 곳에 있는 사람을 사랑하려고 한다. 그 이유는 자신의 이웃은 성가실뿐더러 사랑하고 싶지도 않기 때문이다. 그러면서도 멀리 떨어진 사람을 사랑하는 자신은 이웃사랑을 실천하고 있다고 굳게 믿는다. 이렇듯 사람은 무슨 일이든 자기 좋을 대로 해석한다. 이것을 알면 아무리 정론을 펼쳐놓은들 그것이 현실화될 가능성이 작다는 사실을 이해할 수 있다.

선악을 넘어서 ■

103

여우보다
뻔뻔한 것은

━━ 포도가 탐스럽게 열려 있다. 여우 한 마리가 그곳을 찾아와 포도를 따려고 한다. 하지만 포도송이는 저 높은 가지에 달려 있어 아무리 높이 뛰어도 닿을 수가 없다. 이윽고 여우는 포도를 따겠다는 생각을 포기하고 '저 포도는 어차피 시어서 먹지도 못할 게 틀림없어'라는 한 마디를 남기고 가버린다. 이것은 이솝 우화의 서른두 번째 이야기다. 이 우화는 자신의 실패를 인정하지 않고 변명과 억지만을 늘어놓는 행태에 관한 교훈을 담고 있다. 그런데 현실에는 이 같은 여우보다 훨씬 더 교활한 인간이 있다. 그런 인간들은 손을 뻗어 다른 사람들보다 먼저, 많이 차지할 수 있었던 포도송이에 대해서도 '너무 시어서 먹을 수 없었다'며 거짓 소문을 낸다.

방랑자와 그 그림자 ■

104

가짜 교사의
가르침

━━ 이 세상에는 진짜 같은 가짜 교사가 너무도 많다. 그들이 가르치는 것은 세상을 살아가는 데 마치 도움이 될 것 같은 말들이다. 이런 일은 득이 된다, 이런 판단은 손실을 가져온다, 사람들과의 교제는 이런 식으로 하라, 인맥은 이렇게 넓혀라, 이런 일은 이래라저래라 조언한다. 그러나 차분히 생각해 보라. 가짜 교사가 가르치는 것은 모두 가치 판단일 뿐이다. 그들은 인간과 사물에 대한 본질을 어떻게 파악할 것인가에 대해서는 조금도 가르쳐 주지 않는다. 이렇듯 인생의 본질마저 모르고 살아가도 좋은가?

권력에의 의지 ■

105

가장
위험한 순간

▬ 자동차에 받힐 위험이 가장 큰 순간은 자신을 향해 돌진하는 첫 번째 자동차를 재빨리 피한 직후다. 마찬가지로 일에서나 일상생활에서도 어떠한 문제나 불화를 원활히 처리한 후 안도하며 긴장을 풀었을 때, 다음 위험이 엄습해 올 가능성이 가장 높다.

인간적인 너무나 인간적인 ■

106

어디서 쾌락을
찾을 것인가

━━ 비행을 저지르고 방탕한 삶을 사는 자는 쾌락에 물들어 탄생하는 것이 아니다. 오히려 그 자신에게 쾌락이 없기에 쾌락을 추구한다. 그러나 만족할 만한 쾌락은 항상 손에 넣을 수 있는 것이 아니다. 그로 인해 방탕은 더욱더 도를 더하고 끝없이 목이 타들어가는 듯한 갈증을 느낀다. 그러나 다른 사람들은 이미 자신의 일에서 충분한 쾌락을 발견하였기에, 방탕아가 갈망하는 지독한 쾌락을 맛본다 할지라도 그것에는 조금도 만족을 느끼지 않는다.

여러 가지 의견과 잠언 ■

107

정치가를
주의하라

━━ 유능한 사람이나 유명인을 곁에 둠으로써 자신이 보다 돋보이고 주목받게끔 만들려는 음흉한 속내를 지닌 인간이 있다. 그런 인간을 경계하라. 그 전형적인 예가 정치가다. 정치가는 유능해 보이는 사람들, 세상에 이름을 널리 알린 지식인이나 유명인을 기꺼이 자신의 주변에 두려고 하며, 무슨 일이든 그들이 참여하도록 한다. 그러나 그것은 자신의 정책을 펼침에 있어 효율적이고 유용한 결과를 얻기 위해서가 아니다. 자신의 허점, 공허함을 위장하기 위해서다. 결국 자신이 주인공이기 위해 끊임없이 타인을 이용한다.

즐거운 지식 ■

108

선물은
적당히

── 너무 과한 선물을 하면 상대는 고마워하지 않는다. 부담스러운 짐을 받았다고 생각하기 때문이다. 선물은 마음이라고 하지만, 적당하지 않으면 상대를 난처하게 만들 뿐이다.

인간적인 너무나 인간적인 ■

109

거짓
결단

▬ 한 번 말로 뱉은 것은 단호하게 행동으로 옮기는 사람이 있다. 그것은 위대한 청렴함으로 여겨진다. 남자답고 결단력이 있는 듯 느껴지기도 하며, 의지가 강한 사람으로도 보인다. 왠지 모르게 그 행위가 옳은 것처럼 보인다. 그러나 잘 생각해 보자. 한 번 뱉은 말을 단호하게 실행하는 것은 일종의 완고함은 아닌지, 감정적인 행위나 고집의 표출은 아닌지, 그런 식으로 행동하는 이면에 명예심과 같은 허영심이 감춰져 있는 것은 아닌지…… 행위를 할 것인가 말 것인가는 좀 더 다른 이성적인 시점에서 그 행위가 진정 바람직한가 아닌가를 파악한 뒤에 행해야 하지 않을까.

아침놀 ■

110

빌린 것은
크게 돌려줘라

—— 빚진 것을 돌려줄 때에는 과거에 자신이 받았던 것보다 더 충분히, 더 넉넉히 되돌려주어라. 더해진 부분은 도움을 주었던 상대에게 이자로 돌아가 그를 기쁘게 할 것이다. 이것은 갚는 쪽에게도 기쁨을 안겨준다. 되돌려주는 사람은 좀 더 많이 되갚음으로써 과거 도움을 청했을 당시의 초라함과 작은 굴욕감을 넉넉한 양으로 되사게 된다.

방랑자와 그 그림자 ■

111

속은 사람의
슬픔

━━ 당신이 누군가를 속인다면 그는 무척 슬퍼할 것이다. 당신에게 속아 어떤 손해를 입었기 때문에 그가 슬퍼하는 것은 아니다. 이제 더 이상 당신을 믿을 수 없게 되었다는 사실에 깊은 슬픔을 느끼는 것이다. 지금까지 당신을 전적으로 신뢰해 왔기에 그 슬픔은 더욱 깊다.

선악을 넘어서 ■

112

세력가와 권력자의
실태

━━ 조직의 우두머리에 있는 사람, 지금 시대에 있어 세력가,
권력을 쥔 사람에게 진정한 힘이 있는 것은 아니다. 그 세력이
나 권력은 사람들의 머릿속에 있는 환영이다. 세력이나 권력이
사람들에게 작용하기에 그 환영이 계속 이어지는 것에 지나지
않는다. 그들은 특별한 존재도, 특별한 인간도 아니다. 그것을
어렴풋이 알아차리기 시작한 세력가나 권력자도 있다. 진정 지
성이 있는 사람은 훨씬 이전에 권력자가 아무것도 아니라는 사
실을 깨달았다. 그러나 대부분의 사람들은 여전히 환영을 보고
있다.

여러 가지 의견과 잠언 ■

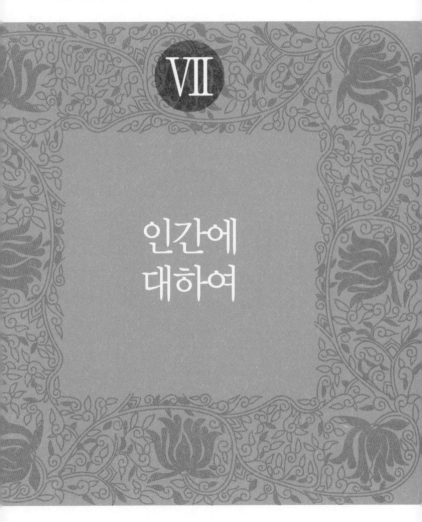

MENSCHLICHKEIT

VII

인간에
대하여

NIETZSCHE

MENSCHLICHKEIT

113

상대의 심리를
알고 전하라

━━ 누군가에게 어떠한 소식을 전할 때에는 요령이 있다. 새로운 사건이나 사고, 상대가 놀랄 만한 사항을 전할 때에는 주위가 그것을 너무 잘 알고 있는, 조금 오래된 일인 양 전하는 것이다. 그러면 상대는 그것을 선뜻 받아들이게 된다. 이런 방식을 취하지 않고 새로운 사건을 전하면 상대는 자신이 그것을 알지 못했다는 사실에 열등감을 느끼고 그로 인해 밀려드는 분노를 상대에게 드러낸다. 이렇게 되면 상대에게 전해야 할 것도 제대로 전할 수 없게 된다. 이 같은 요령을 알면 질적으로 우수한 커뮤니케이션이 이루어지고, 공동으로 일하는 경우에는 그 성패에까지 깊이 연관된다.

아침놀 ■

114

타인에 대하여
이것저것 생각하지 마라

▬▬ 타인을 이렇다 저렇다 판단하지 말 것. 타인을 평가하지도 말 것. 타인에 대한 소문도 입에 담지 말 것. 그 사람은 이렇다 저렇다 하는 생각도 애당초 하지 말 것. 그 같은 상상이나 사고를 가급적 하지 말 것. 이 같은 것에 좋은 인간성의 상징이 있다.

아침놀 ■

115

인간의 자연성을
모욕하지 마라

━━ 인간과 자연. 이런 식으로 대립시켜 보면 인간과 자연은
양립할 수 없는 것처럼 보인다. 그러나 인간 역시 자연의 일부,
자연 속에 포함된 존재이다. 그렇기에 우리들이 가지고 있는
자연적 성향은 본래 마땅히 모욕해야 할 것이 아니라 말할 수
있다. 사회적인 고상함을 강조하고 싶어하는 사람들이 강하게
주장하듯 인간성을 일그러뜨리는 것도 아니요, 수치스러워할
것도 아니요, 반인간적인 것도 아니다. 우리는 누구나 자연 그
자체이며, 필연적으로 자연의 본성을 가지고 있다.

즐거운 지식 ■

116

인간의
두 가지 유형

━━ 큰 칭찬을 받는다. 그때 칭찬받는 한 사람은 매우 부끄러워한다. 다른 한 사람은 더욱 자만해진다.

아침놀 ■

117

위인은
괴짜일지 모른다

━━ 위인이라 불리는 사람이 위인인 동시에 인간적으로도 훌륭했다고 판정할 근거 따윈 어디에도 없다. 어쩌면 그 위인은 그저 어린아이인 채 세상의 보편적인 어른이 되지 못한 사람, 그래서 위대한 업적을 남겼을지도 모른다. 혹은 자유자재로 색을 바꾸는 카멜레온과도 같이, 시대의 흐름이나 나이에 따라 마음먹은 대로 변신할 수 있는 인간이었기에 업적을 이룰 수 있었을지 모른다. 혹은 마법에 걸린 소녀처럼 어쩔 수 없이 비현실적인 꿈속에 영원히 살았기에 독특할 수 있었을지 모른다.

즐거운 지식 ■

118

진정 독창적인
사람이란

━━ 어떤 기발한 일을 벌려 대중의 이목을 한데 모을 수 있는 사람이 독창적인 인물은 아니다. 그는 단순히 주목받길 원하는 사람이다. 독창적인 사람의 특징 중 하나는 이미 모든 사람들의 눈앞에 있으나 아직 알아차리지 못해 이름조차 가지지 못한 것을 알아볼 수 있는 눈을 가지고, 나아가 그것에 새로운 이름을 부여할 수 있는 능력을 가졌다는 점이다. 이름이 주어지고 비로소 그것이 실제로 존재함으로써 인간은 깨닫게 된다. 그렇게 새로운 세계의 일부가 탄생한다.

즐거운 지식 ■

119

카리스마의
기술

▬▬ 자신을 카리스마를 가진 깊이 있는 사람처럼 보이길 원한다면, 어느 정도 자신의 모습을 감출 수 있는 일종의 어둠을 몸에 두르면 된다. 자신의 모든 것이 온전히 드러나지 않도록, 밑바닥이 보이지 않도록 하는 것이다. 많은 사람들은 그 끝, 밑바닥이 보이지 않는 것에서 일종의 신비와 깊이를 느끼기 때문이다. 연못과 늪이 그 혼탁함으로 인해 바닥이 보이지 않으면 사람들은 알 수 없는 늪의 깊이에 두려움을 느낀다. 카리스마 있는 인물이라 불리는 사람에 대한 두려움이란 그 정도의 것이다.

즐거운 지식 ▬

120

체험만으로는
부족하다

━━ 분명 체험은 중요하다. 체험에 의해서 사람은 성장할 수 있다. 그러나 갖가지 체험을 많이 했다고 해서 다른 사람보다 무조건 훌륭하다고 말할 수는 없다. 비록 많은 체험을 했을지라도 이후에 그것을 곰곰이 고찰하지 않는다면 무용지물이 될 뿐이다. 어떤 체험을 하든지 깊이 사고하지 않으면, 꼭꼭 씹어먹지 않으면 설사를 거듭하게 된다. 결국 아무것도 배우지 못하며 무엇도 자신의 것으로 만들지 못한다.

방랑자와 그 그림자 ■

121

이길 것이라면
압도적으로 이겨라

━━ 경쟁에서 종이 한 장 차이, 즉 간발의 차이로 상대를 이기는 것은 그다지 좋은 것이 아니다. 이길 것이라면 근소한 차이가 아니라 압도적으로 이겨야 한다. 그래야 패자 역시 약간의 차이로 졌다는 분한 마음이나 자책하는 마음을 가지지 않는다. 오히려 깨끗하고 서슴없이 상대의 승리를 칭송할 수 있다. 상대에게 치욕을 남기는 아슬아슬한 승리나 미묘한 승리, 여한을 남기는 승리는 바람직하지 않다. 승자와 패자, 누구나 쾌히 납득할 만한 압도적인 승리여야 한다. 그것이 승자의 매너다.

인간적인 너무나 인간적인 ■

122

자신의
약점과 결점을 알라

━━ 성공하는 사람은 모든 것에 있어 강한 능력과 행운을 가지고 있으며 사고와 행동이 상당히 효율적이어서 무슨 일이든 남보다 요령이 좋은 듯 보인다. 그러나 그들 또한 보통 사람과 마찬가지로 결점과 약점이 있다. 단, 그들은 결점이나 약점을 누구도 보지 못하게 깊이 숨겨 두는 것이 아니라 오히려 그것을 마치 강점의 변형인 듯 위장하여 내보인다. 그 점에 있어 타인보다 교활하다. 이것이 가능한 것은 그들이 자신의 결점과 약점이 무엇인지를 정확히 알고 있기 때문이다. 대개의 사람은 자신의 약점에 대해서는 보고도 보지 못한 척 외면한다. 그러나 성공한 사람들은 그것을 똑바로 마주하며 자각한다. 그것이 보통 사람과 그들의 차이다.

방랑자와 그 그림자 ■

123

약속의
진정한 모습

— 약속은 개인 간의 약속에 그치지 않는다. 약속에 요구되는 언어의 이면에 있는 것이 약속의 진정한 정신이다. 예를 들어 '내일 5시에 만납시다'라는 일상적인 약속의 경우일지라도 그것은 단순히 5시의 업무적인 만남만을 의미하지는 않는다. 두 사람의 친밀한 관계, 서로 위안을 주고 신뢰하고 앞으로도 계속될 인연의 확인, 상대에 대한 배려 등 많은 약속이 담겨져 있다. 그것은 인간적인 맹세라 말할 수 있다.

아침놀 ■

124

자기 멋대로
행위의 대소를 정하지 마라

━━ 사람이란 참으로 이상한 존재다. 제멋대로 행위의 대소를 정한다. 큰일을 했다, 혹은 작은 일 밖에 하지 못했다 단정한다. 더 이상한 일은 자신이 하지 않은 행위에 대해서도 후회한다는 것이다. 하지 않은 행동임에도 그것은 큰일이었다며 진심으로 생각하고, 만약 그것을 했다면 상황은 크게 달라졌을 것이라 진심으로 후회하곤 한다. 그리고 자신이 한 행위, 하지 않은 행위의 대소를 스스로 결정할 수 있다고 믿으며 그 대소가 진실이라고까지 생각한다. 그러나 자신이 한 작은 행위가 사실 타인에게는 큰일일지 모르고, 그 반대일지도 모른다. 어찌 되었건 과거의 행위에 가치를 매기는 일은 무의미하다.

즐거운 지식 ■

125

인생을 살아갈 때의
난간

━━ 까딱 잘못하면 낙상 사고가 일어나기 쉬운 계곡의 좁은 비탈길이나 다리 같은 곳에는 반드시 난간이 설치되어 있다. 사실, 실제로 사고가 일어나면 난간과 함께 떨어져 버릴 테니 확실한 안전을 보장받을 수는 없다. 그러나 이 난간으로 인해 나름의 안정감을 얻을 수는 있다. 이러한 난간처럼 부모, 교사, 친구는 우리에게 보호받고 있다는 안도감과 안정감을 안겨 준다. 비록 그들에게 실제적인 도움은 얼마 받을 수 없을지라도, 의지하고 기댈 누군가가 있다는 것은 마음을 지탱하는 큰 지지대가 되어 준다. 특히 젊은 사람에게는 난간과 같은 역할을 묵묵히 맡아줄 사람이 반드시 필요하다. 스스로가 약하기 때문이 아니라 더욱 잘 살아가기 위해서.

인간적인 너무나 인간적인 ■

126

꿈에 책임을 지는
용기를

━━ 잘못에는 책임을 지려고 하면서 어째서 꿈에는 책임을 지려고 하지 않는가? 다른 누구의 것도 아닌 자신의 꿈이지 않는가? 내 꿈은 이것이라며 드높여야 하지 않는가? 그만큼 유약하기 때문인가, 아니면 용기가 없어서인가? 애초 자신의 꿈에 책임을 질 생각이 없다면, 꿈은 영원히 이루어지지 않을 것이다.

아침놀 ■

127

수완가이면서
둔한 듯 보여라

▬ 예리하고 영리하기만 해서는 안 된다. 어떤 면에서는 둔해 보이는 것도 필요하다. 영특한 것만이 멋있는 것은 아니다. 영특하지만 늘 '아직 어리다'는 말을 듣고 어딘지 가볍게 보이는 취약점도 필요하다. 예리하면서도 어느 정도 둔한 면이 있어야 애교스러운 이로 여겨져, 사람들의 사랑을 받고 누군가가 도움을 주기도 하며 편을 들어줄 여지도 생긴다. 이것은 영특하기만 했을 때보다 훨씬 많은 것을 얻게 한다.

농담. 음모 그리고 복수 ■

128

자신의 사람됨을
이야기하지 마라

━━ 인품은 중요하다. 사람은 때때로 그 사람의 의견이나 아이디어에 찬동하는 것이 아니라, 그의 사람됨에 찬동하기 때문이다. 인품은 무슨 까닭에서인지 연출이 불가능한 것이기도 하다. 자신이 얼마나 좋은 인품인지를 아무리 떠벌려도 사람들은 신용하지 않는다. 오히려 대중은 자신이 이룬 선행에 대해서 침묵하는 사람을 신용하고 함께하려 한다.

즐거운 지식 ■

129

사람이
원하는 것

━━ 주거를 제공하고, 오락을 제공하고, 음식과 영양을 제공하고, 건강을 주었음에도 사람은 여전히 불행과 불만을 느낀다. 사람은 압도적인 힘을 원하는 것이다.

아침놀 ■

130

어떻게 웃는가,
그것에서 인간성이 드러난다

—— 어떤 식으로 웃는가, 어떤 경우에 웃는가, 거기에 뜻밖에도 인간성이 나타난다. 예컨대 타인의 실수를 멸시하며 웃는지, 이유의 기묘함으로 웃는지, 세련된 기지를 재미있어 하는지를 통해 인간성을 알 수 있다. 더욱이 웃음소리의 울림에 그 사람의 본성이 배어 나온다. 그렇다고 웃는 데 겁을 낼 필요는 없다. 우리는 웃음 외의 다른 방법으로도 자신의 인간성을 드러내기 때문이다. 그리고 우리의 인간성이 달라지면 웃음도 자연히 변한다.

방랑자와 그 그림자 ■

131

너무 이른 성공은
위험하다

━━ 너무 어릴 때 성공하여 공적을 쌓고 추앙을 받으면, 그 사람은 오만과 같은 삐뚤어진 감각에 사로잡혀 동연배의 사람이나 차근차근 노력해 가는 사람에 대한 외경을 완전히 잊어버리고 만다. 뿐만 아니라 성숙의 의미를 이해하지 못하며 성숙에 의해 유지되는 문화적 환경에서도 자연히 멀어진다. 타인은 시간의 흐름과 함께 성공을 이루고 일에 깊이를 더하는데, 자신은 그것을 이루지 못하고 언제까지나 어린아이처럼 과거의 성공과 공적을 간판으로 삼으려는 인간이 되어 버린다.

방랑자와 그 그림자 ■

132

착실하게 살지 않는
사람의 심리

━━ 자신의 본업에 힘을 쏟아 충분한 성과를 얻은 사람은 자신처럼 일하는 사람이나 동업자에 대해서는 관용을 가지고 이해심 넓은 태도를 보인다. 그러나 자신의 일을 충분히 해내지 못하는 사람, 돈만을 목적으로 시큰둥하게 일하는 사람은 동업자에게 온갖 원망과 증오를 품는다. 마찬가지로 자신의 인생을 착실히 살아가지 않는 사람은 타인에 대하여 증오를 가지는 경우가 많다.

아침놀 ■

133

자기통제는
자유자재로

— 쉽게 분노하는 사람, 신경질적인 사람은 분명 그 같이 충동적이고 감정적인 성격의 소유자로, 앞으로도 그러한 성격은 변하지 않을 것이라 우리는 믿는다. 거기에는 우리 인간은 성장을 끝마쳤다고 하는 뿌리 깊은 생각이 존재한다. 인간의 성격은 바꿀 수 없다고 생각한다. 그러나 이것은 사실이 아니다. 분노라는 것은 한때의 충동이며, 사람은 자신이 원하는 대로 그 감정을 처리할 충분한 능력이 있다. 분노를 그대로 표출하면 성급한 사람의 전형적인 행동이 되지만 우리는 그것을 다른 형태로 바꿔 드러낼 수 있다. 혹은 꾹꾹 눌러 사라질 때까지 기다릴 수도 있다. 분노와 같은 충동 외에 저절로 끓어오르는 다른 감정도 다를 바가 없다. 우리는 그 감정들을 자유자재로 처리하고 다룰 수 있음을 알아야 한다. 마치 우리들의 정원에 돋아난 여러 종류의 식물과 꽃을 한데 아우르고, 나무에 열린 과실을 거두어들이듯이.

아침놀 ■

134

소심한 자는
위험하다

━━ 서툰 데다 소심한 사람은 살인을 저지르기 쉽다. 그는 자신을 적당히 방어하는 방법을 모르기 때문에, 또한 침착하게 대처하는 것이 서툴기 때문에 적으로 간주한 상대를 말살하는 것 외의 타개책을 알지 못한다.

아침놀 ■

135

타인을 모욕하는 것은
악이다

━━ 누군가를 모욕하는 것은 명백한 악행 중 하나다. 악인은
사람에게 모욕을 안겨준다. 도둑도 살인자도 사람을 욕보인다.
폭력은 물론, 작은 다툼에서조차 상대에게 모욕감을 안겨주는
말이 사용된다. 악을 행하는 것은 자신을 더럽히는 것일 뿐 아
니라 연인을, 부모를, 친구를 모욕하는 일이다. 나아가 인간의
존재 그 자체를 욕보이는 것이다. 진정 자유롭게 사는 인간이
란 어떤 행동을 하든 부끄럽지 않은 경지에 이른 인간이다. 물
론 그가 다른 누군가를 모욕하는 일 역시 없다.

즐거운 지식 ■

136

지론을 고집할수록
반대를 당한다

━━ 지론이라는 것을 강하게 주장하면 할수록 보다 많은 사람들로부터 반대를 받게 된다. 대체로 자신의 의견을 고집하는 사람은 그 이면에 몇 가지 이유를 감추고 있기도 하다. 예컨대 자신만이 이 견해를 생각해 냈다는 독선에 빠진다. 혹은 이 정도의 훌륭한 견해에 이르기까지 흘린 땀방울을 보상받길 원한다. 혹은 이 정도의 견해를 깊이 이해하는 자신을 자랑스러워한다. 많은 사람이 지론을 밀어붙이는 사람에 대하여 이와 같은 것을 직관적으로 느끼므로 그 역겨움에 생리적으로 반대한다.

인간적인 너무나 인간적인 ■

137

수다스러운 사람은
무언가를 숨기고 있다

━━━ 자신에 대하여 끊임없이 수다를 떨지 않고는 견딜 수 없는 사람은 결국 자신의 본성, 본심, 정체에 대하여 숨기고 있는 것이다. 특히 거짓을 말하는 사람은 보통 사람들보다 말이 많다. 여러 사소한 정보를 주는 것으로 상대의 주의와 의식을 다른 곳으로 쏠리도록 하고, 밝혀지기 두려워 숨기는 것에는 시선이 향하지 않도록 하기 위함이다.

선악을 넘어서 ■

138

기술 이전의
문제

— 논리적이고 설득력 있는 문장을 쓰기 위해 문장의 기술을
아무리 배웠다고 해도 논리적인 글을 쓸 수 있는 것은 아니다.
자신의 표현이나 문장을 개선하기 위해서는, 기술을 배우기 이
전에 자신의 머릿속을 개선하는 일이 우선이다. 이것을 바로
이해하지 못하는 사람은 말 그대로 이해력이 부족하기 때문에
진실은 영원히 모른 채 언제까지고 눈앞의 기술에만 사로잡혀
있게 된다.

방랑자와 그 그림자 ■

139

강해지기 위한
악과 독

▬ 하늘을 찌를 듯이 높이 자란 나무. 그 나무들이 성장하는데 거센 바람과 거친 날씨가 없었다면 그 같은 성장이 가능했을까? 벼가 익는 데 호우와 강한 햇살, 태풍과 천둥은 전혀 쓸모없는 것이었을까? 인생에는 여러 가지 악과 독이 존재한다. 그것들은 가급적 없는 편이 나으며, 그러한 환경 속에서 사람은 건전하고 강하게 성장할 수 있다고 말할 수 있을까? 증오, 질투, 아집, 불신, 냉담, 탐욕, 폭력…… 혹은 모든 의미에서의 불리한 조건과 장애. 이것들은 대개 역겨움과 분노의 씨앗이 되지만 그 모든 것이 전혀 없더라도 강한 인간으로 성장할 수 있을까? 아니다. 그 같은 악과 독이 존재하기에 사람은 극복할 기회와 힘을 얻고, 이 세상을 살아갈 수 있을 만큼 강하게 단련된다.

즐거운 지식 ■

140

에고이스트의 판단에는
근거가 없다

━━ 에고이스트, 즉 이기주의자는 무슨 일이든 미리 손익을 계산하고 자신에게 득인지 아닌지를 철저히 가늠하는 듯 보인다. 그러나 실제로는 가까이에 있는 것을 중시하고 자신에게서 먼 것을 경시하는 경향의, 단순하고 근시안적인 계산을 하고 있을 뿐이다. 게다가 에고이스트가 사고하는 거리의 기준은 본인이 때마다 멋대로 판단한다. 그런 의미에서 에고이스트의 계산은 조금도 면밀하지도 사실을 반영하지도 않는, 굳이 말하자면 감정적인 판단에 의한 것이라 말할 수 있다. 즉 에고이스트의 판단은 근거가 없다. 그렇기 때문에 에고이스트는 감정적이고 신용하기에는 부족한 사람들이라 할 수 있다.

즐거운 지식 ■

141

태만에서 나온
신념

▬ 적극적인 열정이 의견을 만들고 마침내 주의, 주장이라는 것을 낳는다. 중요한 것은 그 이후의 일이다. 자신의 의견이나 주장을 전면적으로 인정받고 싶다는 생각에 언제까지고 의견이나 주의, 주장에 집착하면 그것은 융통성 없는 신념으로 변해버린다. 신념이 있는 사람은 왠지 모르게 위대해 보이지만, 그 사람은 자신의 과거 의견을 계속 가지고 있을 뿐, 그 시점부터 정신 또한 멈춰 버린 사람에 불과하다. 결국 정신의 태만이 신념을 만들고 있는 셈이다. 아무리 옳은 듯 보이는 의견이나 주장도 끊임없이 신진대사를 반복하고, 시대의 변화 속에서 사고를 수정하여 다시 만들지 않으면 안 된다.

인간적인 너무나 인간적인 ▬

142

사람의 고귀함을
보는 눈을 가져라

━━ 사람을 볼 때는 그 사람의 고귀함을 보도록 하라. 그 사람의 비열한 면이나 표면상 드러나는 것만 본다면, 그렇게 보는 이 스스로가 매우 좋지 않은 상태에 있다는 증거다. 그것은 누군가의 저급한 면만을 봄으로써, 어리석고 노력하지 않는 자신의 모습에 두 눈을 질끈 감고 자신은 저런 인간들보다 고귀하다고 생각하려 하기 때문이다. 마찬가지로, 사람의 고귀함을 보려고 하지 않는 사람과는 관계하지 마라. 자신 또한 그와 똑같은 저급한 인간이 되어버리기 때문이다.

선악을 넘어서 ■

143

많이 가지려는
사람들

▬▬ 남편의 직업이나 지위가 마치 자신의 공인 양 말하는 아내가 있다. 그녀는 아이가 다니는 학교의 특징, 키우는 애완견의 영리함, 정원수의 멋스러움, 살고 있는 도시의 아름다움까지 자신의 공인 양 내세운다. 정치가나 관료는 자신들이 시대 전체나 역사를 좌우하고 있는 듯 말한다. 대개의 사람이 자신이 알고 있는 것을 특별히 가치 있는 것인 양 말하며, 알고 있으면 가지고 있는 것과 진배없다고 생각한다. 이처럼 그들은 사물과 지식에 대해 말함으로써 자아와 그 소유욕이 얼마나 비대한지를 여실히 드러내고 있다. 그리고 그것에 그치지 않고, 과거와 미래까지도 소유하려 든다.

아침놀 ■

144

여성의
대담함

▬ 일반적으로 여성보다도 남성이 어떤 일에서든 대담하고 야만적이라 말한다. 그러나 그것은 체격과 행동에서 갖게 되는 인상에 지나지 않는다. 복수와 연애에 대해서는 여성이 훨씬 대담하고 야만적이다.

선악을 넘어서 ■

145

성급한 성격은
인생을 위태롭게 만든다

━━ 서로 사랑할 때에도, 서로 싸울 때에도, 또한 서로 존경
할 때에도 언제나 두 사람 중 한쪽만이 고뇌하는 역할을 도맡
는다. 그 사람들의 특징은 공통한다. 결국 성급한 성격이다. 성
격이 급한 사람은 어떠한 경우나 상황, 일이 진행되는 순간순
간 단락적으로 반응하며, 그때마다 감정을 파열시키고 지나친
언동을 저지르고 만다. 그 때문에 아주 평범한 일조차도 여러
손이 가는 번잡한 일이 되어 버린다.

아침놀 ■

146

기다리게 하는 것은
부도덕하다

━━ 연락도 없이 사람을 기다리게 하는 것은 좋지 않다. 매너나 약속 차원만의 문제가 아니다. 기다리는 동안 그 사람은 이런저런 좋지 않은 상상을 떠올리고 걱정하며, 이어서 불쾌해지고 점차 분개한다. 결국 사람을 기다리게 한다는 것은 아무것도 사용하지 않고 그 사람을 인간적으로 나쁘게 만드는 부도덕하기 짝이 없는 일이다.

인간적인 너무나 인간적인 ■

147

뜻밖의
예의

━━ 감사를 진심으로 거절하면 상대는 모욕을 받았다고 느

낀다.

아침놀 ■

148

선악 판단의
에고이즘

▬ 자신에게 손해를 끼치는 것은 악이요, 자신에게 이득을
안겨주는 것은 선이라는 식으로 선악을 판단하는 에고이스트
가 있다. 그 사람이 에고이스트인 이유는 일반적인 선악을 판
단하는 것은 당연히 자기 자신이라 생각하기 때문이다. 이러한
야만적인 인간이 이 세상에 드물지 않다.

아침놀 ▬

149

거리로
나가라

━━ 혼잡 속으로 들어가라. 사람들 속으로 가라. 모두가 있는 장소로 향하라. 모든 이들 속에서, 많은 사람들 속에서, 당신은 더욱더 온화하고 착실하며 새로운 사람이 될 수 있다. 고독한 것은 좋지 않다. 고독은 당신을 깔끔하지 못한 사람으로 만들어 버린다. 고독은 인간을 부패시키고 폐인으로 만든다. 자, 집을 나서서 거리로 나가라.

디오니소스 찬가 ■

150

소유의
노예

━━ 인생에는 돈도, 쾌적한 주거도, 건강하고 풍성한 식사도
필요하다. 그것들을 손에 넣음으로써 사람은 독립하여 자유
롭게 살아갈 수 있다. 그런데 그런 소유가 도를 넘으면 사람은
180도 돌변하여 소유욕의 노예가 되어버린다. 소유하기 위해
서 인생을 소비하고 휴식 시간까지 구속당하며, 조직에 조종당
하고 끝내는 국가의 구속까지 받게 된다. 인생이란 것이 끝없
이 많이 소유하는 경쟁을 위해서 주어진 시간일 리 없다.

여러 가지 의견과 잠언 ■

151

위험해 보이는 것에는
도전하기 쉽다

━━ 용기 있는 사람을 움직이기 위한 요령이 있다. 그 행위가 위험으로 가득하다, 상당히 어렵다는 사실을 알리면 된다. 실제로는 그만큼 위험하고 곤란한 일이 아니라 할지라도 말이다. 용기 있는 사람은 그 행위가 위험하기 때문에 자신이 지금 행동하지 않으면 아무도 움직이지 않을 것 같은 기분에 움직이기 시작한다. 그 행위나 상황이 타인에게는 상당히 어려운 것이기에 도전하려는 심리다. 만일 처음부터 간단하다고 말하면 실패했을 때 변명의 여지가 없다. 곤란한 상황에서 실패했을 경우에는 그 용기를 칭찬받거나 적어도 도전 그 자체로써 위로받을 수 있다.

선악을 넘어서 ■

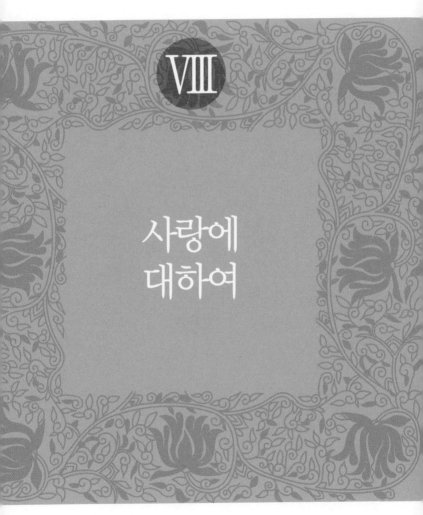

LIEBE

VIII

사랑에
대하여

NIETZSCHE

LIEBE

152

있는 그대로의 그를
사랑하라

.

━━ 사랑이라는 것은 젊고 아름다운 사람을 사랑하여 손에 넣고자 하거나, 훌륭한 사람을 어떻게든 자신의 것으로 만들어 그 영향력 아래에 두려고 하는 것이 아니다. 또한 사랑한다는 것은 자신과 비슷한 자를 찾거나 슬픔을 나누는 것도 아니며, 자신을 사랑하는 사람을 기꺼이 받아들이는 것도 아니다. 사랑한다는 것은 자신과는 완전히 정반대의 삶을 사는 사람을 그 상태 그대로, 자신과는 반대의 감성을 가진 사람을 그 감성 그대로 기뻐하는 것이다. 사랑을 이용하여 두 사람의 차이를 메우거나 어느 한쪽을 움츠러들게 하는 것이 아니라, 두 사람 모두 있는 그대로 기뻐하는 것이 사랑이다.

방랑자와 그 그림자 ■

153

사랑의
병에는

━━ 사랑에 관한 여러 가지 문제들로 고민한다면 단 하나의
확실한 치료법이 있다. 그것은 자기 스스로 더 많이 더 넓게 더
따뜻하게 그리고 한층 더 강하게 사랑하는 것이다. 사랑에는
사랑이 가장 효험이 있다.

아침놀 ■

154

사랑을
배워 간다

━━ 처음 듣는 음악의 경우, 우리는 그 익숙하지 않는 것을 꺼리지 않고 일단 마지막까지 듣는 인내와 노력, 관용을 가져야만 한다. 그것을 반복함으로써 친밀함이 생기고 이윽고 그 음악의 매력을 조금씩 발견하게 된다. 그럼으로써 음악이 가진 깊은 아름다움을 발굴해 내고 그것을 사랑하게 되며 그 음악이 자신에게 없어서는 안 되는 것이 되어 간다. 이것은 비단 음악에 한한 이야기가 아니다. 우리는 사랑에 대해서도 처음의 낯설음에서 출발하여 사랑을 배우는 길을 걸어왔다. 일을 사랑하는 경우에도, 자신을 사랑하는 경우에도, 다른 누군가를 사랑하는 경우에도 마찬가지다. 사랑은 언제까지고 이처럼 배움의 길을 거니는 모습을 보여 준다.

즐거운 지식 ■

155

사랑하는 방법은
변한다

── 젊은 시절 마음을 사로잡히거나 사랑에 빠지는 대상은 대개 신기한 것, 재미있는 것, 색다른 것들이다. 그리고 보통은 그것이 진짜인지 가짜인지에 대해서는 그다지 신경 쓰지 않는다. 사람이 조금 더 성숙해지면, 진짜와 진리가 가진 흥미로움을 사랑하게 된다. 사람이 한층 원숙해지면, 젊은이들은 단순하다 혹은 시시하다며 거들떠 보지도 않는 진리의 깊이를 기꺼이 사랑하게 된다. 비록 멋이나 기교는 없을지라도 진리야말로 최고의 심원함을 이야기한다는 것을 깨닫게 되기 때문이다. 사람은 이처럼 자신의 깊이에 따라 사랑하는 방법을 달리해 간다.

인간적인 너무나 인간적인 ■

L I E B E

156

사랑은 비처럼 내린다

— 사랑은 어째서 공정성보다 주목받으며 중요하게 여겨지는 것일까? 어째서 사랑에 대해서만큼은 많은 것을 이야기하고 끊임없이 찬미하는 것일까? 공정성이 사랑보다도 더 지적인 것이 아닐까? 사랑은 공정성보다도 훨씬 어리석은 것이 아닐까? 사실, 사랑이 그런 어리석은 것이기에 모든 사람에게 기분 좋은 것이다. 사랑은 영원한 꽃다발을 들고 우매할 만큼 아낌없이 사랑하지 않고는 견딜 수 없는 것이다. 그 상대가 누구든 사랑할 가치가 없는 자일지라도, 불공정한 인간일지라도, 사랑을 주어도 절대 감사 따윈 하지 않을 사람일지라도. 비는 선인의 위에도 악인의 위에도 차별하지 않고 내린다. 사랑도 그와 같아서 상대를 선택하지 않고 온몸을 적시고 만다.

인간적인 너무나 인간적인 ■

157

사랑의 눈,
그리고 바람

━━ 사랑은 사람 안에 있는 아름다움을 발견하고, 그 아름다움을 계속 주시하려는 눈을 가지고 있다. 사랑은 사람을 보다 높은 차원으로 이끌려는 욕구를 가지고 있다.

아침놀 ■

158

새롭게 무엇인가를
시작하는 요령

━━ 공부나 교제, 일이나 취미, 독서 등 무엇인가 새로운 일에 맞닥뜨렸을 경우의 현명한 대처 요령은 가장 넓은 사랑을 가지고 맞서는 것이다. 꺼리는 면, 마음에 들지 않는 점, 오해, 시시한 부분을 보아도 즉시 잊어버리겠다는 마음가짐으로 그 모든 것을 전면적으로 받아들이며 전체의 마지막에 이르기까지 잠자코 지켜본다. 그럼으로써 드디어 거기에 무엇이 있는지, 무엇이 그것의 심장인지 확연히 들여다 볼 수 있다. 좋다 혹은 싫다와 같은 감정이나 기분에 치우쳐 도중에 내팽개치지 않고 마지막까지 넓은 사랑을 갖는 것. 이것이 무언가를 진정으로 알고자 할 때의 요령이다.

인간적인 너무나 인간적인 ■

159

사랑이
효력을 발휘하는 곳

━━ 선악의 피안. 그곳은 선악의 판단이나 도덕을 완전히 초월한 곳이다. 사랑으로 행하는 모든 행위는 그곳에서 일어난다. 따라서 사랑의 행위에는 가치 판단과 해석이 전혀 미치지 않는다.

선악을 넘어서 ■

160

사랑의 성장에
몸을 맞춰라

━ 성욕에 몸을 맡기는 것은 대단히 위험하다. 본래 진정한
운명이어야 할 사랑은 잊어버리고 오로지 성욕만이 두 사람의
굴레가 되어 버리기 때문이다. 사랑이라는 것은 조금씩 성장해
가는 것이다. 무엇보다 성욕을 먼저 뛰어넘지 않으면 안 된다.
사랑의 발달에 한걸음 뒤로 성욕이 동반되는 정도가 적당하다.
그럼으로써 상대도 자신도 깊은 사랑을 육체와 함께 느낄 수
있다. 그것은 마음과 육체 모두가 동시에 행복해지는 길이기도
하다.

선악을 넘어서 ■

161

영원히
사랑할 수 있는가

━━ 행위는 약속할 수 있다. 그러나 감각은 약속할 수 없다. 왜냐하면 감각은 의지의 힘으로는 움직일 수 없는 것이기 때문이다. 따라서 영원히 사랑한다는 약속은 불가능한 것처럼 보인다. 그러나 사랑은 감각만이 아니다. 사랑의 본질은 사랑한다는 행위 그 자체이기 때문이다.

인간적인 너무나 인간적인 ■

162

사랑하는 이를
원한다면

— 당신은 연인을 원하는가. 좋은 사람이 나타나기만을 기다리고 있는가. 자신을 깊이 사랑해 줄 사람을 원하고 있는가. 이것은 실로 잘난 척의 최절정이라고 말할 수 있다. 당신은 당신이 원하는 만큼 많은 이들로부터 사랑받기 위하여 좋은 인간이 되도록 노력하고 있는지 반문해 보라. 자신을 사랑해 주는 것은 단 한 사람이면 된다고 말하고 싶은가? 그러나 그 한 사람은 많은 사람들 가운데에 있다. 그럼에도 불구하고 많은 이로부터 사랑받기 위해 노력하지 않는 당신을 어느 누가 사랑할 것인가. 이제 알겠는가? 당신은 처음부터 당치도 않는 주문을 하고 있다는 사실을.

인간적인 너무나 인간적인 ■

163

남자들로부터 매력적이라
여겨지길 원하다면

━━ 남자들에게 매력 있는 여자가 되고 싶다면 자신의 내면에 무엇이 있는지 보이지 않도록 하는 것이 좋다. 마치 순수의 가면을 쓰고 있는 여자로, 게다가 모습이 흐릿하게만 보이는 유령과도 같은 신비한 존재로 있어라. 그러면 남자들의 욕망은 더없이 자극받는다. 남자들은 그녀의 내면을 탐구하기 시작한다. 어떤 영혼을 내면에 간직하고 있는지 언제까지고 끊임없이 찾아 헤맨다. 이 같은 방법은 많은 사람들을 매료시키는 데에도 이용할 수 있다. 예컨대 배우는 상업적으로 계획되어진 허상의, 유령과도 같은 존재이기에 매력적으로 비춰진다. 독재자나 사이비 종교의 교주는 이 같은 방법을 가장 악하게, 그러나 가장 효과적으로 이용한다.

인간적인 너무나 인간적인 ■

164

결혼할 것인지 말 것인지
망설인다면

━━ 결혼에 발을 들여놓을 것인지 말 것인지를 망설이고 있다면 차분히 자신에게 질문을 던져 보라. 자신은 상대와 여든이 되어도, 아흔이 되어도 여전히 즐겁게 이야기를 나눌 수 있을까? 오랜 결혼생활 동안 많은 일들이 일어난다. 그러나 그것들은 모두 순간적인 것이며 어느 사이엔가 세월 뒤로 흘러간다. 그러나 둘이서 끊임없이 대화를 나누는 일은 결혼생활의 대부분을 차지하고 노년이 될수록 대화 시간은 길어진다.

인간적인 너무나 인간적인 ■

165

보다 많은 사랑을 원하는
오만

━━ 남자와 여자 양쪽 모두 더 많은 사랑을 받아야 하는 것은 자신이라 생각한다면, 두 사람 사이에 우스운 싸움이나 성가신 문제들이 일어난다. 결국 두 사람 모두 자신이 더 잘나서 보다 많은 사랑을 받을 가치가 있다는 자만에 빠져 있는 것이다.

인간적인 너무나 인간적인 ■

166

여자를 버린
여자

━━ 남자를 매료시키겠다는 것을 망각한 여자는 그만큼 타인

을 미워하는 여자가 된다.

선악을 넘어서 ■

사랑은
기쁨의 다리

━━ 사랑이란 자신과 다른 방식으로 느끼며 다르게 살아가는 사람을 이해하고 기뻐하는 것이다. 자신과 닮은 사람을 사랑하는 것이 아니라 자신과는 대립하여 살고 있는 사람에게 기쁨의 다리를 건네는 것이 사랑이다. 차이를 부정하는 것이 아니라 그 차이를 사랑하는 것이다.

여러 가지 의견과 잠언 ■

168

여자의 사랑 속에
간직된 사랑

━━ 여성은 여러 종류의 애정을 가지고 있다. 그리고 그 모든 애정 속에는 반드시 모성애라는 사랑이 포함되어 있다.

인간적인 너무나 인간적인 ■

169

사랑과 존경은
동시에 받을 수 없다

■■ 존경이라는 것에는 어느 정도 상대와의 거리가 존재한다. 그것에는 외경이라는 것이 드리워져 있다. 서로 간에 상하관계가 만들어지고 힘의 차이가 존재한다. 그러나 사랑이라는 것에는 그런 관점이 없다. 위아래도, 차이도, 힘의 우위와도 무관하게 감싸 안는 것이 사랑이다. 그 때문에 명예심이 강한 사람은 사랑받는 것에 반항심을 갖는다. 사랑받는 것보다도 존경받는 것이 기분 좋기 때문이다. 그래서 자존심이 지나치게 강한 사람은 때때로 사랑받지 못한다. 사람이 사랑받고 존경까지 받길 원하는 마음은 충분히 이해하지만, 존경보다 사랑을 선택하는 것이 더 행복한 일이다.

인간적인 너무나 인간적인 ■

170

사랑은
허용한다

━━ 사랑은 허용한다. 사랑은, 욕심을 부리는 것도 허용한다.

즐거운 지식 ■

171

진실한 사랑으로 가득한 행위는
의식되지 않는다

━━ 누구나 타인에게 친절을 베푼 뒤에는 쾌감을 맛본다. 친절한 행동이나 선행 자체가 쾌감일 리는 없고, 그러한 행위 뒤에 자신이 조금은 성자 또는 순결한 사람에 다가간 듯한 기분을 맛볼 수 있기 때문이다. 그러나 우리가 일상 속에서 친구나 지인에게 친근하게 대할 때에는 그것 또한 선행이라 의식하지는 않는다. 너무도 자연스럽게 좋은 일을 하고, 그 행위에 의해 자신이 순결한 사람이 된 듯한 기분을 맛보는 일도 없다. 바로 그 같은 것이 의식적으로 친절을 행한 행위보다 훨씬 더 진실한 마음과 사랑이 가득한 상위의 것이다.

방랑자와 그 그림자 ■

172

최대의
오만

■ 최대의 오만은 무엇인가? 사랑받고자 하는 욕구다. 거기에는 자신은 사랑받을 가치가 있다는 주장이 강하게 내재되어 있다. 그런 사람은 자신을 다른 사람보다 높은 곳에 있는 특별한 존재라 생각한다. 자신만은 특별히 평가될 자격이 충분히 있다고 믿는 차별주의자다.

인간적인 너무나 인간적인 ■

173

사랑하는 것을
잊으면

— 사람을 사랑하는 것을 잊는다. 그렇게 되면 다음에는 자기 안에도 사랑할 가치가 있다는 사실조차 잊고 자신마저 사랑하지 않게 된다. 이로써 더 이상 인간이기를 포기하고 만다.

아침놀 ■

174

사랑하는 사람은
성장한다

━━ 누군가를 사랑하게 되면 자신의 결점이나 마음에 들지 않는 부분을 상대에게 들키지 않으려고 처신한다. 이것은 허영심에서 나오는 것이 아니다. 사랑하는 사람을 상처주지 않으려는 것이다. 그리고 상대가 언젠가 그것을 알아차리고 혐오감을 갖기 전에 어떻게 해서든 스스로 결점을 고치려고 한다. 이러한 사람은 좋은 인간으로, 어쩌면 신과 비슷한 완전성에 끊임없이 다가가는 인간으로 성장할 수 있다.

즐거운 지식 ■

175

사랑하는 사람의 눈에
보이는 것

━━ 타인의 입장에서 보면 어떻게 저런 사람을 사랑할까하는 의구심이 든다. '특별히 훌륭한 구석도 없고, 외모도 아름답지 않고, 성격도 특별히 좋지 않은데……' 라고 생각한다. 그러나 사랑하는 사람의 눈은 완전히 다른 곳에 초점을 맞추고 있다. 사랑은 다른 사람에게는 전혀 보이지 않는, 그 사람의 아름답고 고귀한 것을 찾아내고 주시하는 것이다.

선악을 넘어서 ■

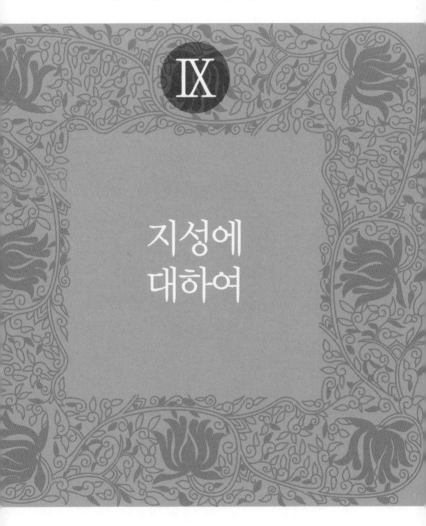

IX

지성에
대하여

WISSENSCHAFT

176

본능이라는 지성이
생명을 구한다

━━ 우리가 식사를 하지 않으면 몸이 약해져 끝내 죽고 만다. 수면이 부족하면 몸은 나흘 만에 당뇨병과 다름 아닌 상태가 되어 버린다. 잠을 전혀 자지 않으면 사흘째부터 환각을 보게 되고 이윽고 죽음에 이른다. 지성은 우리가 살아가는 데 도움을 주지만 우리는 그것을 악용할 수도 있다. 지성은 그런 의미에서 편리한 도구와 같다. 그리고 본능. 우리는 본능을 충동적인 것, 야만적인 것이라 치부해 버리기 일쑤지만, 본능은 분명 우리의 생명을 구원하는 작용을 한다. 중대한 구제의 지능으로 누구나 갖추고 있는 것이 본능이다. 그렇기에 본능이야말로 지성의 정점에 선, 가장 지성적인 것이라 할 수 있지 않을까.

선악을 넘어서 ■

177

본질을
파악하라

━━ 광천이 샘솟는 모습은 각양각색이다. 쾰쾰 넘쳐흐르듯이 용솟음치는 광천, 끝없이 흘러나오는 광천, 똑똑 방울져 나오는 광천……. 광천의 가치를 모르는 사람은 물의 양으로 그 풍요로움을 판단한다. 그러나 광천의 효과를 잘 알고 있는 사람은 물의 양이 아닌 함유 성분으로 광천의 좋고 나쁨과 질을 판단한다. 후자의 사람은 다른 일에 관해서도 겉으로 보이는 양의 크기나 압도적인 박력에 현혹되지 않는다. 무엇이 인간에게 의미와 가치가 있는 근본인가? 본질을 꿰뚫어 보는 눈을 가지는 것이 매우 중요하다.

방랑자와 그 그림자 ■

178

시점을
바꿔라

—— 무엇이 선이고 무엇이 악인가. 인간으로서의 윤리란 어떤 것인가. 이 같은 정의는 시대에 따라서 정반대가 될 만큼 달라진다. 고대에는 전통적 관습이나 습관에서 벗어난 자유로운 행동을 비행非行이라 여겼다. 또한 개인적으로 행동하는 것, 신분을 초월한 평등, 예측할 수 없는 것, 익숙하지 않은 것, 미래가 보이지 않는 것까지도 악이었다. 완전히 평범해 보이는 현대의 행동이나 사고의 대부분도 고대인의 눈으로 보면 악이다. 시점을 바꾼다는 것은 이러한 것이다. 상대나 상황을 상상하는 것만이 시점의 변환은 아니다. 옛 시대의 것을 되새겨 보는 것도 시점을 바꾸는 데 큰 도움이 된다.

아침놀 ■

179

인간적인
선과 악

━━ 악이란 무엇인가? 사람을 모욕하는 것이다. 가장 인간적인 것이란 무엇인가? 어떤 사람에게도 창피를 안겨주지 않는 것이다. 그리고 사람이 얻는 자유란 무엇인가? 어떤 행위를 해도 자신에게 부끄럽지 않은 상태가 되는 것이다.

즐거운 지식 ■

180

학업은 세상을 잘 살아가는 토대가 된다

—— 주어진 임무나 약속을 잘 이해하고 꾸준히 지키기 위해서는 충분한 이해력과 기억력이 필요하다. 이해력과 기억력은 단련하여 획득할 수 있는 지성의 일부다. 또한 상대에 대하여, 혹은 멀리 있는 누군가에 대하여 동정심을 갖기 위해서는 충분한 상상력이 필요하다. 상상력 또한 훌륭한 지성의 일부다. 인간적인 윤리나 도덕이라는 것은 이런 식으로 지성과 강하게 결부되어 있다. 그리고 지식이 없는 지성이라는 것은 있을 수 없다. 그러므로 아무런 도움이 되지 않는 듯 보이는 지금의 공부 하나하나가 인간으로서 잘 살아가는 데 필요한 토대가 된다고 할 수 있다.

인간적인 너무나 인간적인 ■

181

진리의
논거

━━ 이것이 진리라는 것을 정열의 온도로 가늠하지 마라. 정열이 보다 크다고 해서 그것이 진리라는 증거는 어디에도 없다. 그럼에도 불구하고 그처럼 느끼는 사람이 적지 않다. 역사가 오래 되었기 때문에, 전통이 어디보다 길기 때문에 그것이 진리라는 논거 또한 결코 성립되지 않는다. 그러한 것을 강하게 주장하는 사람은 경우에 따라서 역사를 위조하기도 하므로 주의 깊게 살필 필요가 있다.

아침놀 ■

182

최악의
독자

▬ 책을 읽은 뒤 최악의 독자가 되지 않도록 하라. 최악의 독자라는 것은 약탈을 일삼는 도적과 같다. 결국 그들은 무엇인가 값나가는 것은 없는지 혈안이 되어 책의 이곳저곳을 적당히 훑다가 이윽고 책 속에서 자기 상황에 맞는 것, 지금 자신이 써먹을 수 있는 것, 도움이 될 법한 도구를 끄집어내어 훔친다. 그리고 그들이 훔친 것만을(어렴풋이 이해한 것만을) 마치 그 책의 모든 내용인 양 큰소리로 떠드는 것을 삼가지 않는다. 결국 그 책을 완전히 다른 것으로 만들어 버리는 것은 물론, 그 책 전체와 저자를 더럽힌다.

여러 가지 의견과 잠언 ▬

183

읽어야 할
책

━━ 우리가 읽어야 할 책이란 다음과 같은 것이다. 읽기 전과 읽은 후 세상이 완전히 달리 보이는 책. 우리들을 이 세상의 저편으로 데려다 주는 책. 읽는 것만으로도 우리의 마음이 맑게 정화되는 듯 느껴지는 책. 새로운 지혜와 용기를 선사하는 책. 사랑과 미에 대한 새로운 인식, 새로운 관점을 안겨주는 책.

즐거운 지식 ■

184

시설과 도구는
문화를 낳지 못한다

━━ 극장이나 미술관처럼 거대하고 훌륭한 시설을 끊임없이 만든다고 하여 보다 큰 문화가 속속 태어나는 것은 아니다. 도구나 기술을 다채롭게 갖출수록 풍요로운 문화의 조건과 기초가 쌓이는 것도 아니다. 문화를 낳는 것은 마음이다. 그런데 현대 관료나 상인은 서로 손을 맞잡고 문화를 발전시킬 수단이라 불리는 것을 꺼내 들며 오히려 문화를 괴멸시킬 위험을 증대시키고 있다. 비록 지금 시대가 이러하지만, 문화의 본질이 사물과 수단이라 여기는 사고방식에 대하여 우리는 강하게 저항해 나가지 않으면 안 된다.

인간적인 너무나 인간적인 ■

고전을 읽는
이유

— 대부분의 독서는 많은 유익함을 가져다준다. 특히 고전은 자양분으로 충만해 있다. 옛 서적을 읽는 것으로 우리는 지금의 시대에서 멀리 날아갈 수 있으며, 완전히 낯선 외국의 세계로 갈 수도 있다. 그런 뒤 다시 현실로 돌아왔을 때 무슨 일이 일어날까. 현대의 전체적인 모습이 지금까지보다 더욱 선명히 보인다. 이렇게 우리는 새로운 시점을 가지고 새로운 방법으로 현대를 접할 수 있게 된다. 막다른 길에 서 있다고 느낄 때 읽는 고전은 지성의 고양에 특효약이다.

인간적인 너무나 인간적인 ■

186

진정한 교육자는
당신을 해방시킨다

━━ 좋은 학교에 가면 좋은 교사가 있고 좋은 교육을 받을 수 있다고 말한다. 그것은 사실일까? 무엇을 배울 것이라 기대하는가? 어떤 방식의 교육을 받고자 하는가? 교사나 학교에 따라 가르치는 것이 달라지는 것일까? 진정한 교육자란 경력이나 실적에 의해서 가늠되는 것이 아니라 당신의 능력을 최대한 발휘할 수 있도록 이끌어주는 사람이어야 하지 않을까. 결국 진정한 교육자란 당신을 굴레에서 해방시켜주는 사람이다. 당신이 생동감에 넘쳐 자유롭고 활발하게 본연의 능력을 발휘할 수 있도록 이끌어주는 사람이야말로 진정한 교육자요, 당신의 학교다.

쇼펜하우어 ■

187

번영의
단초

━━ 고대 그리스가 그토록 고도의 문화를 유지하고, 오랜 세월을 거치며 번영을 이룰 수 있었던 것은 외국의 문화와 교양을 골고루 흡수한 뒤 한층 더 발전시켰기 때문이다. 그 토대는 풍부한 학습이었다. 모방을 위한 학습이 아니라 보다 높은 수준의 문화와 교양을 쌓기 위해 외국의 문화를 자신들의 양분으로 삼은 학습이었다. 그것은 지금의 시대에도 통하는 것이다. 빈틈없는 이윤 추구의 경제활동만이 번영과 발전으로 나아가는 길은 아니다.

각서 ■

188

일의 완성까지 기다리는
인내를 가져라

━━ 재능이나 기량을 충분히 갖추고 있어도 일을 완성시킬 수 없는 사람이 있다. 그는 시간을 믿고 완성을 기다리지 못한다. 자신이 손만 대면 무슨 일이든 완성된다고 믿는다. 그 때문에 언제나 어정쩡한 결과로 끝나버린다. 업무 수행에서도 작품 제작에서도, 차분히 힘쓰는 것이 중요하다. 성급히 대처한다고 해서 보다 빨리 완성되는 것이 아니기 때문이다. 일을 완성하는 데에는, 재능과 기량보다도 시간에 의한 숙성을 믿으며 끊임없이 걸어가는 인내의 기질이 결정적인 역할을 맡는다.

방랑자와 그 그림자 ■

189

이상으로 가는
지름길을 파악하라

━━ 어떤 이상을 단지 가지는 것만으로는 부족하다. 우선은, 어떻게 해서든 이상을 향한 지름길이라는 것을 나름대로 발견하는 것이 중요하다. 그렇지 않으면 자신의 행동, 삶의 방식이라는 것이 전혀 정해지지 않은 채로 머물게 된다. 이상이라는 것을 멀리 있는 별처럼, 자신과 상관없는 듯 멀거니 바라보며 자신이 걸어가야 할 길을 알지 못하는 것은 비참한 결과를 낳는다. 최악의 경우에는 이상을 가지지 못하고 살아가는 사람보다 훨씬 지리멸렬한 삶을 살게 된다.

선악을 넘어서 ■

190

배울 의지가 있는 사람은
지루함을 느끼지 않는다

▬ 배우고 지식을 쌓고 지식을 다시 교양과 지혜로 넓혀가는 사람은 지루함을 느끼지 않는다. 모든 것이 이전보다 한층 더 흥미로워지기 때문이다. 다른 사람과 같은 것을 보고 들어도 그 사람은 평범한 것에서 교훈이나 단서를 간단히 찾아내고 사고의 틈새를 메울 그 무언가를 발견한다. 결국 그의 나날은 수수께끼 풀이와 진배없는 지식 획득의 재미로 채색되고, 의미 있는 충만함으로 채워진다. 그에게 세계는 마치 식물학자가 정글 속에 있는 것처럼 흥미롭기 그지없는 탐험의 대상이다. 매일이 발견과 탐색으로 가득하기에 지루할 틈이 없다.

방랑자와 그 그림자 ▪

191

너무
힘주지 마라

━━ 자신이 가진 힘의 4분의 3 정도의 힘으로 작품이나 일을 완성시키는 것이 가장 적당하다. 온 힘을 다해, 온 마음을 기울여 완성한 것은 왠지 모르게 보는 이에게 고통스러운 인상을 주고 긴장을 불러일으키기 때문이다. 그것은 일종의 불쾌감과 혼탁한 흥분을 필연적으로 가져온다. 거기에는 그것을 만들어 낸 인간의 불쾌감이 어딘가에 배어 있기 때문이다. 그러나 4분의 3 정도의 힘으로 완성한 것은 어딘지 모르게 느긋한 여유가 느껴지는 넉넉한 작품이 된다. 그것은 일종의 안심과 건전함을 선사하는 쾌적한 인상의 작품이다. 결국 많은 사람이 쉽게 받아들이는 것으로 완성된다.

인간적인 너무나 인간적인 ■

192

프로페셔널이
되고 싶다면

▬ 무엇인가의 프로페셔널이 되려고 한다면 미연에 극복해
두어야 할 것이 있다. 그것은 성급함, 조급함, 앙갚음을 포함한
복수욕, 정욕이라는 것이다. 자신 안에 잠재되어 있는 이것들
을 배척하고 충분히 제어할 수 있게 된 후에 비로소 일에 매진
해야 한다. 그렇지 않으면 언젠가 이것들이 범람하는 강물처럼
거칠어진 마음이 되어 모든 것을 망쳐 버릴 수 있기 때문이다.

방랑자와 그 그림자 ■

193

뒷정리를
잊지 마라

▬ 건축가의 도덕이란 집을 짓고 난 뒤 터전을 깔끔히 치우는 것이다. 원예가의 도덕은 나뭇가지를 자른 뒤 떨어진 가지와 잎을 청소하는 것이다. 이와 마찬가지로 우리도 무엇인가를 이루었다면 뒷정리를 확실히 해야 한다. 그렇게 해야 착수한 일이 끝나고 비로소 완성을 거둔다.

방랑자와 그 그림자 ■

194

추구하는 것은
이곳에 있다

━━ 당신이 서 있는 장소를 깊이 파고들어라. 샘은 당신의 발 아래에 있다. 이곳이 아닌 어느 먼 장소에, 알지 못하는 이국의 땅에 자신이 찾는 것, 자신에게 가장 맞는 것을 찾으려는 젊은이들이 지나치게 많다. 실은 자신이 한 번도 시선을 주지 않았던 발아래이기에 끝없이 깊은 샘이 자리하고 있다. 추구하는 것이 묻혀 있다. 자신에게 주어진 많은 보물이 잠들어 있다.

농담, 음모 그리고 복수 ■

195

가장 짧은 길은
현실이 가르쳐 준다

━━ 수학에서 가장 짧은 길은 출발점과 도착점을 직선으로 잇는 길이라 말한다. 그러나 현실에 있어 가장 짧은 길은 그렇지 않다. 옛날 뱃사람은 이렇게 말한다. "지금 가장 알맞게 불어오는 바람이 돛을 활짝 부풀려 이끄는 항로가 목적지를 향한 최단거리"라고. 이것이야말로 실제로 일을 해낼 경우에 통용되는 가장 짧은 길에 관한 이론이다. 일은 머리로 세운 계획대로 진행되지 않는다. 현실의 그 '무엇'이 먼 길을 가장 짧은 길로 만들어 준다. 그것이 무엇인지는 사전에 알 수 없으며, 현실에 발을 내딛었을 때 비로소 알게 된다.

방랑자와 그 그림자 ■

196

물러서야
비로소 파악할 수 있다

━━ 모네가 그린 점묘화는 가까이서 보면 무엇을 표현한 것인지 알 수 없다. 멀찌감치 물러서서 감상한 후에야 비로소 거기에 그려진 대상의 윤곽을 알 수 있다. 어떤 일의 소용돌이 속에 있는 사람도 이와 같다. 가까이에 있으면 무엇이 어떻게 되어 있는지 이해할 수 없다. 그러나 그 일에서 멀찌감치 떨어져서 보면 무엇이 문제인지 또렷이 보인다. 소용돌이를 구성하는 축이 무엇인지 확연히 부각되기 때문이다. 이 방법은 복잡한 것을 단순화시킨다. 사상가라 불리는 사람은 우선 이 방법을 사용하여 실타래처럼 얽히고설킨 일에서 굵직한 틀이 되는 것을 끄집어내어 단순화하고, 어느 누구나 쉽게 알아볼 수 있는 것으로 만든다.

즐거운 지식 ■

197

자신의 철학을
가지지 마라

━━ 일반적으로 '철학을 가진다'라고 말할 경우, 어느 정도 굳어진 태도와 의견을 가지는 것을 의미한다. 그러나 그것은 자신을 획일화하도록 만든다. 그런 철학을 갖기보다는 때때마다 인생이 들려주는 속삭임에 귀 기울이는 것이 낫다. 그 편이 일이나 생활의 본질을 명료하게 볼 수 있기 때문이다. 그것이야말로 바로 철학하는 것이다.

인간적인 너무나 인간적인 ■

198

당신의 정신은
어느 수준인가

━━ 인생을 잘 살아 보려고 하는 사람의 정신은 각각의 발달 단계에 있어 지향하는 가치목표가 다르다. 결국 자신이 가장 고귀한 덕이라 생각하는 것이 무엇이냐에 따라 그 단계가 결정된다. 정신의 제1단계에서는 덕 가운데 '용기'가 가장 고귀하게 여겨진다. 정신의 제2단계에서는 덕 가운데 '정의'가 가장 고귀하게 여겨진다. 정신의 제3단계에서는 '절제'가 가장 고귀하다고 여겨지며, 마지막 제4단계가 되면 '지혜'를 최고의 덕으로 인식하는 정신 수준에 이른다. 이 가운데 지금 당신의 정신은 어느 단계에 도달해 있는가? 차분히 자문해 보기 바란다.

방랑자와 그 그림자 ■

199

현명함을
자랑삼아 보일 필요는 없다

━━ 자신의 현명함을 서툴게 드러내면 머지않아 언젠가는 유형무형의 반발과 저항을 겪게 된다. 좋은 것이나 기쁜 것 그 어떤 것도 얻을 수 없다. 진정 현명한 것이란, 보통 사람들과 똑같이 희로애락을 보이고 때로는 함께 흥분하는 것이다. 그럼으로써 두드러지기 쉬운 현명함을 자연스럽게 감출 수 있고 현명한 사람이 가진 특유의, 일종의 예리한 차가움과 깊은 사고에 의해 타인을 상처주지 않는다.

방랑자와 그 그림자 ■

200

자신에게
재능을 주어라

━━━ 천부적인 재능이 없다고 비관할 필요는 없다. 재능이
없다고 생각한다면, 그것을 습득하면 된다.

아침놀 ■

201

철저하게
체험하라

━━ 공부를 하고 책을 읽는 것만으로는 현명해질 수 없다. 여러 가지 다양한 체험을 함으로써 사람은 현명해진다. 물론 모든 체험이 긍정적인 영향을 미칠 수는 없다. 자칫하면 그 체험에 중독되거나 의존증에 빠지는 경우도 있기 때문이다. 그렇다 하더라도 체험하고 있을 때는 그것에 몰두하는 것이 중요하며, 도중에 자신의 체험에 대하여 냉정히 관찰하는 것은 좋지 않다. 그렇게 되면 전체를 차분히, 마음껏 체험할 수 없기 때문이다. 반성이니 관찰이니 하는 것들은 체험한 뒤에 이루어져야 한다. 그것에서 마침내 지혜라고 하는 것이 태어나기 때문이다.

방랑자와 그 그림자 ■

202

사고는
언어의 질과 양으로 결정된다

━━ 보통 우리는 자신의 생각과 감정을 마음에 떠올려 누군가에게 이야기한다. 그때 자신의 생각이나 말하고 싶은 것을 대개 언어로 표현할 수 있다고 믿고 있을 뿐만 아니라, 상대에게도 전부는 아닐지라도 거의 대부분 전해졌을 것이라 낙관하기 일쑤다. 그러나 우리는 자신이 가지고 있는 언어를 이용해 생각을 표현하고 있다. 결국 가지고 있는 언어가 빈약하면 표현도 빈약해지고, 실제로 사고와 감정이 충분히 표현된다고 할 수 없다. 동시에 그 언어의 질과 양이 자신의 사고와 마음을 결정하기도 한다. 어휘가 적은 사람은 사고도 마음가짐도 거칠고 난폭해진다. 그렇기 때문에 훌륭한 사람들과의 대화나 독서, 공부에 의해 언어의 질과 양을 증가시키는 것은 자연히 자신의 사고와 마음을 풍요롭게 만든다.

아침놀 ■

203

멀찌감치 떨어져
되돌아보라

━━ 지금까지 오랫동안 관계를 맺어와 깊이 알고 있다고 생각하는 것들과 일단 결별하라. 그리고 멀리 떨어진 곳에서 되돌아보라. 그러면 무엇이 보이는가? 지금까지 살아온 마을에서 멀리 떨어져 섰을 때, 마을 중심에 있던 탑이 다른 집들보다 얼마나 높게 솟아 있는지를 비로소 알게 된다. 그것과 마찬가지 일이 일어난다.

방랑자와 그 그림자 ■

204

냉정에는
두 종류가 있다

━━ 업무는 물론이고 대개의 일에 대하여 냉정하고 침착하게 대응할 때, 그 진행이 원활히 이루어진다. 그런데 이 냉정함에는 성격이 다른 두 종류가 존재한다. 하나는 정신활동이 쇠퇴했기 때문에 생기는 냉정함이다. 어떤 일에든 무관심하고, 대부분의 일을 자신과 동떨어진 별개의 것으로 느끼기 때문에 겉에서 보기에는 매우 냉정한 듯 보인다. 또 하나는 자신의 충동과 욕망을 극복함으로써 얻은 냉정함이다. 이 냉정함을 가진 사람은 정확한 대처가 가능하고 대부분의 것에 이해를 표하며, 일종의 쾌활함이 느껴진다는 특징이 있다.

방랑자와 그 그림자 ■

205

현명함은
얼굴과 몸에 묻어난다

—— 현명하게 생각하는 습관을 가지게 되면 어느 결에 그 사람의 얼굴은 슬기로움의 빛으로 채워진다. 표정뿐 아니라 겉모습에서도 현명함이 묻어난다. 예컨대 타인의 눈에는 그의 동작이나 자세에서 섬세함이 엿보인다. 이렇듯 어떤 정신을 가지는가에 의해 인간의 행동 또한 달라진다. 건강한 사람이 활기차게 걷듯이, 슬픔과 실의를 간직한 사람이 터덜터덜 걷듯이.

인간적인 너무나 인간적인 ■

206

대화의
효용

━━━ 대화. 생각 없이 하는 세상 살아가는 얘기나 소문의 응수가 아니라 정해진 무언가에 대하여 차분히 의견을 나누는 것은 매우 중요하다. 왜냐하면 그런 대화에 의해서 자신이 무엇을 생각하고 있는지, 무엇을 간과하고 있는지를 분명히 자각할 수 있고 문제의 요점이 어디에 있는지도 지금보다 더 명료하게 볼 수 있기 때문이다. 그럼으로써 하나의 사고라는 것이 만들어진다. 혼자서 우물쭈물 생각만 한다면 사고는 맴돌기만 할 뿐 아무것도 정리되지 않는다. 그때, 대화는 서로에게 사고의 산파가 되어 도움을 준다.

선악을 넘어서 ■

207

마음을
더 크게 가져라

━━ 자신의 생각을 말할 때 우리는 가지고 있는 언어로 표현한다. 가진 언어의 양과 깊이가 빈약하면 우리 사고의 폭과 깊이도 빈약하다고 말할 수 있다. 많은 언어를 아는 것은 많은 사고를 갖게 되는 것이다. 많은 사고를 가지면 보다 넓게 생각할 수 있고, 훨씬 폭넓은 가능성을 손에 넣을 수 있다. 이것은 살아가는 데 이용할 수 있는 최고의 무기다. 언어를 많이 아는 것은 인생의 길을 수월히 걸어갈 수 있는 힘이 되어 준다.

아침놀 ■

208

원인과 결과 사이에
존재하는 것

── 이러이러한 원인이 있었기에 이 같은 결과가 되었다. 이처럼 생각되는 일들은 많다. 그러나 그 원인과 결과는 우리가 멋대로 명명한 것에 지나지 않는다는 사실을 깨달아야 한다. 어떠한 사물이나 현상도 원인과 결과로 간단히 분석할 수 있을 만큼 단순하지 않다. 눈에 보이지 않는 다른 요소가 수없이 존재하고 있을지도 모르기 때문이다. 그럼에도 불구하고 그 같은 사실을 무시한 채 어느 하나의 것만 원인과 결과로 단정하여, 거기에 어떤 강한 연관성이 있는 듯 생각하는 것은 너무도 어리석은 일이다. 원인과 결과로써 사물의 본질을 이해한다고 느끼는 것은 오만에 지나지 않는다. 대부분의 사람들이 똑같은 생각을 한다고 해서 그것이 당연히 옳다는 보장은 어디에도 없다.

아침놀 ■

209

합리성만으로
판단하지 마라

━━━ 어떤 일이 불합리하다는 것이 그것을 폐지해 버리는 최
우선적인 이유가 되지는 않는다. 불합리하기에 오히려 그 같은
일을 필요로 하는 첫 번째 조건이 되는 경우도 있기 때문이다.

인간적인 너무나 인간적인 ■

210

독창적이기
위해서는

━━ 완전히 새롭고 독특한 것을 발견하는 특수한 촉수를 가진 소수의 사람을 독창적이라 일컫는 것이 아니다. 이미 낡은 것이라 여겨지는 것, 모든 사람들이 알고 있어 너무도 흔하다 여겨지는 것, 많은 사람들이 충분히 가지고 있다는 생각에 너무도 쉽게 간과하는 것을 마치 전혀 새로운 창조물인 양 재검토하는 눈을 가진 사람이 독창적인 사람이다.

여러 가지 의견과 잠언 ■

211

낮은 시점에서
바라보라

— 가끔은 등을 굽히고, 가능한 한 자세를 낮추듯 웅크리고 앉아 풀과 꽃, 그 사이를 춤추는 나비를 가까이서 바라보라. 지금껏 그저 멀리서 내려다보기만 했던 그곳에는 풀과 꽃, 곤충이라는 또 다른 세계가 있다. 어린아이가 매일 당연한 듯 보고 있는 세계의 모습이 펼쳐져 있다.

방랑자와 그 그림자 ■

212

현실과 본질
모두를 보라

━━ 눈앞의 현실만 보고 그때마다 현실에 적합한 대응을 하는 사람은 명백한 현실주의자다. 이는 어쩌면 믿음직스럽게 보일지도 모른다. 물론 우리는 현실 속에서 살고 있으므로 현실에 대응하는 것은 중요하다. 현실은 멸시해야 할 대상이 아니라 우리가 발을 딛고 살아가는 토대이기 때문이다. 그러나 사물의 본질을 보려고 하는 경우에는 현실만을 봐서는 안 된다. 현실의 맞은편에 있는 보편적인 것, 추상적인 것이 무엇인지 꿰뚫어 보는 시선을 지닐 수 있어야 한다. 고대 철학자 플라톤과도 같이.

아침놀 ■

213

좋은 사고를
하기 위해서는

━━ 제대로 생각하는 사람이 되고 싶다면 최소한 다음의 세 가지 조건이 필요하다. 사람과 교제할 것, 책을 읽을 것, 정열을 가질 것. 이들 중 어느 하나라도 결여된다면 제대로 된 사고를 할 수 없다.

방랑자와 그 그림자 ■

214

표현은
솔직하게

━━ 어떤 것에 대하여 두 사람이 이야기를 나눈다. 한 사람은 맛없게 이야기한다. 다른 한 사람은 맛깔나게 이야기한다. 이 차이는 화술의 문제가 아니다. 맛없게 이야기한 사람은 허세와 과장된 표현을 사용한다. 이것은 듣는 사람의 흥미를 불러일으키기 위해서다. 듣는 사람도 그 의도와 저속함을 느낄 수 있다. 다른 한 사람은 진심어린 흥미를 갖고 그것을 성실히 이야기한다. 거기에는 약삭빠른 행위가 없다. 따라서 듣는 사람은 그것에 진지함을 느끼고 화자가 가지고 있는 흥미 그 자체를 자신도 받아들이기 위해 상상력을 발휘하여 들으려 한다. 물론 이것은 책에도 통하고, 배우의 연기에도 통하며, 우리의 삶의 방식에도 통하는 이야기이다.

선악을 넘어서 ■

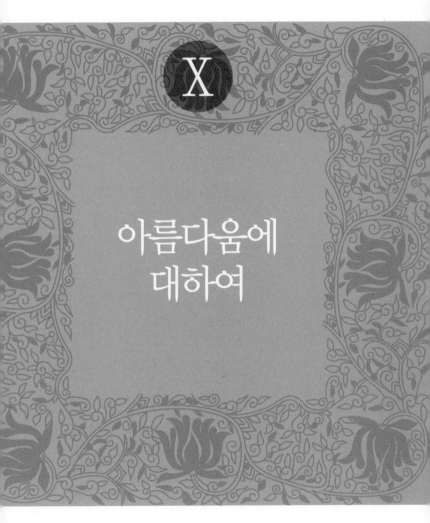

SCHÖNHEIT

X

아름다움에
대하여

NIETZSCHE

SCHÖNHEIT

215

이상과 꿈을
버리지 마라

━━ 이상을 버리지 마라. 자신의 영혼 속에 있는 영웅을 버리지 마라. 누구나 높은 곳을 목표로 한 이상과 꿈을 가지고 있다. 그것이 과거의 일이었다며, 청춘 시절의 일이었다며 그리운 듯 떠올려서는 안 된다. 지금도 자신을 발전시키기 위한 이상과 꿈을 포기해서는 안 된다. 어느 사이엔가 이상과 꿈을 버리게 되면 그것을 말하는 타인이나 젊은이를 조소하게 된다. 시샘과 질투로 마음이 물들어 혼탁해지고 만다. 발전하려는 의지나 자신을 이기려는 마음 또한 버려지고 만다. 나은 삶을 살기 위해서, 자신을 하찮게 여기지 않기 위해서라도 결코 이상과 꿈을 버려서는 안 된다.

차라투스트라는 이렇게 말했다 ■

216

내 안의
고귀한 자신

━━ 고귀한 자신과 불현듯 만나는 날이 있다. 평소의 자신이 아니라 좀 더 맑고 고귀한 자기 자신이 지금 이곳에 있다는 것을 은총과도 같이 깨닫는 순간이 있다. 그 순간을 소중히 여겨라.

인간적인 너무나 인간적인 ■

217
젊은이들에게

━━ 자유롭고 높은 곳으로 당신은 가려고 한다. 하지만 당신은 아직 젊으며 많은 위험에 노출되어 있기도 하다. 그러나 나는 간절히 원한다. 당신이 사랑과 희망을 결코 버리지 않기를. 당신의 영혼에 깃든 고귀한 영웅을 버리지 않기를. 당신이 희망의 최고봉을 계속 성스러운 것으로 바라보기를.

차라투스트라는 이렇게 말했다 ■

218

쉼 없이
나아가라

■■■■ '어디에서 왔는가'가 아니라 '어디로 가는가'가 무엇보다 중요하고 가치 있는 것이다. 영예는 거기에서 주어진다. 어떤 미래를 목표로 하는가? 현재를 뛰어넘어 얼마나 높은 곳으로 가려고 하는가? 어느 길을 개척하여 무엇을 창조해 갈 것인가? 과거에 얽매이고 아래에 있는 인간과 비교하여 자신을 칭찬하지 마라. 꿈을 즐거운 듯이 입으로만 내뱉을 뿐 아무 노력도 하지 않고 그럭저럭 현재에 만족하며 주저앉지 마라. 쉬지 말고 앞으로 나아가라. 보다 높은 곳을 향해 나아가라!

차라투스트라는 이렇게 말했다 ■

219

대비에 의해
빛나게 하라

━━ 화가는 밝고 아름답게 빛나는 하늘을 손 안에 있는 물감의 색만을 이용해 다 표현해 낼 수는 없다. 그러나 캔버스 속 풍경 전체의 색조를 실제 자연이 발하는 색조보다도 낮추어 표현하면 그러한 하늘을 그려낼 수 있다. 주변을 어둡게 함으로써 상대적으로 하늘이 밝게 빛나는 듯이 보이게 하는 것이다. 우리는 이 기술을 그림을 그리는 것 외에도 응용할 수 있다.

아침놀 ■

261

220

멀리 떨어져
바라볼 때

━━ 때로는 먼 시야라는 것이 필요할지도 모른다. 예컨대 친한 친구들과 떨어져 그들을 생각할 때, 함께 있을 때보다 그들은 한층 더 아름답고 그립게 여겨진다. 음악 또한 그것과 멀어져 있을 때 그것에 대하여 더 큰 사랑과 그리움을 느끼게 된다. 그처럼 때로는 대상과 거리를 두고 멀리 떨어져 응시할 때, 많은 것들이 자신의 생각보다 더 소중하고 아름다운 것임을 깨닫게 된다.

아침놀 ■

221

자긍심을
가져라

▬ 대부분의 공작은 사람들 앞에서 그 화려한 꼬리깃털을 감춘다. 이것을 공작의 긍지라 부른다. 공작과 같은 동물도 그러할진대, 우리도 당연 인간으로서 한층 깊은 신중함과 자긍심을 가져야 하지 않을까.

선악을 넘어서 ■

222

자신의
눈으로 보라

━━ 스위스 제네바에서 본 몽블랑 주변 산들은 하나같이 아름답고 풍부한 표정으로 가득했다. 그런데 '몽블랑은 가장 높은 봉우리로 천연의 아름다움에 싸여 있다'는 관광적인 지식 때문에 사람들의 눈은 몽블랑에만 머무른다. 이래서는 진정한 아름다움을 즐길 수 없다. 지식이 아니라, 자신의 눈이 지금 보고 있는 아름다움을 인정하라.

방랑자와 그 그림자 ■

223

나무에게
배워라

━━ 소나무가 자아내는 분위기는 어떠한가. 마치 귀를 기울이고 무엇인가를 들으려는 듯하다. 전나무는 어떠한가. 꿈쩍도 하지 않은 채 무엇인가를 기다리고 있는 듯하다. 이 나무들은 조금도 초조해하지 않는다. 당황하지 않고, 조바심내지 않으며, 아우성치지 않고, 고요함 속에서 가만히 인내할 뿐이다. 우리도 소나무와 전나무의 태도를 배울 필요가 있다.

방랑자와 그 그림자 ■

224

자연의
온후함

━━ 때로는 광활한 자연 속으로 나아가 긴장을 풀자. 자연은
정결할 뿐만 아니라 우리들에게 어떤 의견도, 불평도 말하지
않기 때문이다.

인간적인 너무나 인간적인 ■

225

또 다른
헌신

━━ 헌신은 도덕적으로 존경할 만한 행위이다. 약자나 병자, 노인을 돌본다, 자신을 버리고 봉사한다, 생명의 위험을 무릅쓰고 타인을 돕는다⋯⋯. 의사도 간호사도 구급대원도 간병인도 헌신하는 것이 일이다. 그러나 차분히 생각해 보자. 사실 다른 대부분의 일 역시 헌신의 일부가 아닐까? 농업이나 어업, 물자를 운반하는 일, 장난감을 만드는 일이 종교적 인도나 봉사처럼 사람을 직접적으로 돕는 일과는 무관할지라도, 결국은 사람을 돕기 위해 자신을 희생시키는 일이 아닌가. 깊은 배려에서 행해지는 세상의 모든 행위가 헌신이 아닐까.

방랑자와 그 그림자 ■

226

위대한
노동자

── 위대한 사람들은 의견을 내는 데만 훌륭했던 것이 아
니다. 위대한 사람들은 모두 위대한 노동자이기도 했다. 그들
은 그들의 일에 있어 선택하고, 버리고, 힘을 발휘하고, 변형하
여 만들고, 마무리하는 데 여념이 없었고 그러한 노동을 끊임
없이 게을리 하지 않았다. 그러한 노력과 노고가 그저 다른 사
람들에게는 보이지 않을 뿐이다.

인간적인 너무나 인간적인 ■

227

인재를 길러낼 때에는
부정하지 마라

━━ 사람을 잘 다루는 사람은 무작정 거절하거나 부정하는 일이 거의 없다. 왜냐하면 그는 인재라는 밭을 풍요롭게 가꾸어 열매 맺고 수확할 능력을 가지고 있기 때문이다. 또한 밭의 비료로 무엇을, 어떻게 주면 좋은지에 대한 놀라운 혜안과 재능을 가지고 있다.

방랑자와 그 그림자 ■

228

노련에 이르는
기술

──── 기술이 이미 숙련을 지나 노련의 영역에 이르는 것은 어떤 상태를 가리키는 것일까. 우선 일의 진행에 있어 실수가 없다. 그리고 실행에 옮길 때는 조금의 주저함도 없다. 기교를 부리지 않는 듯 보이면서도 매우 정확하고 낭비가 없다.

아침놀 ■

229

지적이고 아름다운 사람을
찾기 위해서는

■ 교양이 있으면서도 아름다운 사람을 찾고 있는가? 그렇다면 아름다운 풍경을 바라보듯이 봐야 한다. 풍경은 특정 장소, 특정 각도에서의 한정된 전망만이 아름답다. 사람도 마찬가지다. 지적이고 아름다운 사람을 찾는다면 그 사람의 전체를 보는 것은 삼가해야 한다. 분명 광범한 교양을 가진 훌륭한 사람도 있다. 그러나 산 정상에서 바라보는 풍경과 마찬가지로, 전체를 통해 본 그 사람은 절경이라 불릴 만큼 아름답지는 않다.

아침놀 ■

230

감각을
사랑하라

━━ 감각과 관능을 질이 낮다거나 부도덕하다거나 거짓이라거나 뇌의 화학적 반응에 지나지 않는다며 너무 의식적으로 멀리하지는 말라. 우리는 감각을 사랑해도 좋다. 감각은 각각의 정도에서 정신적인 것이 되며, 예부터 인간은 감각을 예술화하여 문화라는 것을 만들어 왔기 때문이다.

권력에의 의지 ■

231

좋은 것으로
가는 길

▬ 모든 좋은 것은 멀리 돌아가는 길을 통해 목적에 다다 ,,
른다.

차라투스트라는 이렇게 말했다 ■

232

오직 자신만이 증인인
시련

━━ 자신에게 시련을 주어라. 아무도 모르는, 오직 증인이라고는 자신뿐인 시련을. 이를테면 그 누구의 눈에도 띄지 않는 곳에서 정직하게 산다, 혼자 있는 경우라도 예의바르게 행동한다, 자기 자신에게조차 티끌만큼의 거짓말도 하지 않는다. 그 수많은 시련을 이겨냈을 때 스스로를 다시 평가하고, 자신이 고상한 존재라는 사실을 깨달았을 때 비로소 사람은 진정한 자존심을 가질 수 있다. 이것은 강력한 자신감을 선사한다. 그것이 자신에 대한 보상이다.

선악을 넘어서 ■

超譯 니체의 말

3판 1쇄 | 2022년 8월 29일
3판 6쇄 | 2024년 10월 7일
지 은 이 | 프리드리히 니체
엮 은 이 | 시라토리 하루히코
옮 긴 이 | 박 재 현
발 행 인 | 김 인 태
발 행 처 | 삼호미디어
등   록 | 1993년 10월 12일 제21-494호
주   소 | 서울특별시 서초구 강남대로 545-21 거림빌딩 4층
        www.samhomedia.com
전   화 | (02)544-9456
팩   스 | (02)512-3593

ISBN 978-89-7849-662-9 (03100)

Copyright 2010 by SAMHO MEDIA PUBLISHING CO.